이 책이 나오는 과정에서 출판에 도움을 주신 학지사 김진환 대표님과 여러 직원분께 감사드립니다.

하늘에서 지켜보실 나의 영원한 지지자 아버님과
항상 저를 믿어 주시던 어머님, 장인 장모님,
이제는 성장해서 새로운 도전을 이어 가는
사랑스런 딸들
소연, 수연의 도움과 격려에
감사드립니다.

아울러, 함께 영감을 주며
하루를 채워 가는
사랑스런 아내 정애에게도
고마움을 전하고 싶습니다.

2025년 8월

지금의 기술 혁신을 보며 예전의 기술들을 돌아본다.

새로운 혁신은 우리의 몫이다!

저자 **허 균**

들어 가며

AI가 우리 생활에서 새롭게 조명받는 시대가 되었다. 과거의 알고리즘 위주의 AI가 이제는 오늘날 다양한 데이터와 기술 융합으로 생성형 AI 시대로 급속히 변화하여 발달하고 있다. 이러한 변화에 다양한 사회 분야에서 생성형 AI 기술들의 활용을 통한 새로운 변화를 요구하고 있다.

사람들의 생각이나 습관 등은 보통 잘 변화되지 않지만, 다양한 AI 도구와 기술을 활용한다면 여러분의 사고와 그 능력은 무한히 확장할 수 있다.

AI 활용 능력은 여러분의 생각과 아이디어를 다양한 도구에서 제공하는 기능들을 활용하여 더욱 세련되게 표현할 수 있다. 이를 잘 활용한다면 교육현장에서 교육내용을 효과적이고 효율적으로 전달할 수 있어, 궁극적으로 학생과 연구자들에게 많은 도움을 줄 것으로 생각된다.

이 책은 AI를 활용한 다양한 프로젝트 사례를 기반으로 교육 및 연구자료 제작 실습을 위한 구체적인 내용을 다루고 조그마한 것부터 차례로 실습할 수 있도록 구성했다. ChatGPT의 사용과 다양한 생성형 AI 경험부터 보고서 작성, 데이터 분석과 함께 미디어 생성 AI 활용까지 실습할 수 있다.

프로젝트 기반 ChatGPT와 AI Tools 교육 활용 실습

프로젝트 기반 ChatGPT와 AI Tools 교육 활용 실습

허균 저

학지사

차례

제1장 AI 도구 설치 및 기본 설정

1. ChatGPT 둘러보기
2. Gemini 둘러보기
3. 기타 AI 도구 둘러보기

1 ChatGPT 둘러보기

ChatGPT 계정을 생성해서 로그인 전과 로그인 후의 할 수 있는 것들을 살펴보자. ChatGPT 계정을 생성하고 여러 종류의 ChatGPT 모델을 활용할 수 있는 준비를 할 수 있다.

- 미션: ChatGPT 가입 및 첫 대화를 시작하시오.

- 조건: 계정 생성 후 로그인해서 ChatGPT와 대화를 나눠 보고, 유용한 정보를 표 형태로 얻어 오시오.

- 결과물 예시

CAI와 AI의 차이점을 표로 정리해 줘.

CAI (Computer-Assisted Instruction)와 AI (Artificial Intelligence)의 차이점

항목	CAI (Computer-Assisted Instruction)	AI (Artificial Intelligence)
정의	컴퓨터를 활용해 학습 과정을 보조하고 지원하는 시스템	인간의 지능을 모방하여 문제를 해결하고 학습하는 시스템
목적	학습자의 학습을 돕고, 교육적인 목표를 달성하도록 지원	문제 해결, 의사결정, 자동화, 예측 등 다양한 기능 수행
기술 기반	사전 프로그래밍된 자료와 시뮬레이션, 평가 툴 등을 사용	머신러닝, 딥러닝, 자연어 처리 등으로 자율적으로 학습
응용 분야	교육, 학습 도구, 교사 보조 시스템	의료, 금융, 자율주행, 제조업, 고객 서비스 등
학습 방법	정해진 규칙과 자료에 따라 학습 자료 제공	데이터를 기반으로 학습하고 모델을 최적화함
대화형 수준	제한적 상호작용 (정해진 프로그램 내에서만 가능)	동적 상호작용 (사용자 요구에 따라 반응 및 학습)
적응성	새로운 상황에 대한 적응력 없음	데이터를 학습하며 상황에 따라 적응 가능
데이터 활용	사전 입력된 자료만 활용	실시간 데이터와 과거 데이터를 활용하여 학습 및 개선
예시	Khan Academy, Rosetta Stone	Siri, Alexa, ChatGPT, 자율주행차

Computer-Assisted Instruction (CAI)는 주로 교육 지원 시스템으로, 사전 설계된 학습 자료를 통해 학습자의 학습을 보조하는 데 초점을 둡니다. 반면, **Artificial Intelligence (AI)**는 다양한 분야에서 데이터를 기반으로 학습하며 문제를 해결하고 의사결정을 자동화하는 기술입니다. CAI는 정해진 규칙과 자료에 의존하는 반면, AI는 스스로 학습하여 새로운 상황에 적응할 수 있습니다. 이로 인해 CAI는 교육 중심 도구로 제한되지만, AI는 보다 광범위한 산업에서 활용됩니다.

메시지 ChatGPT

실행순서

❶ Open AI 공식 웹사이트 (예: chat.openai.com)에 접속

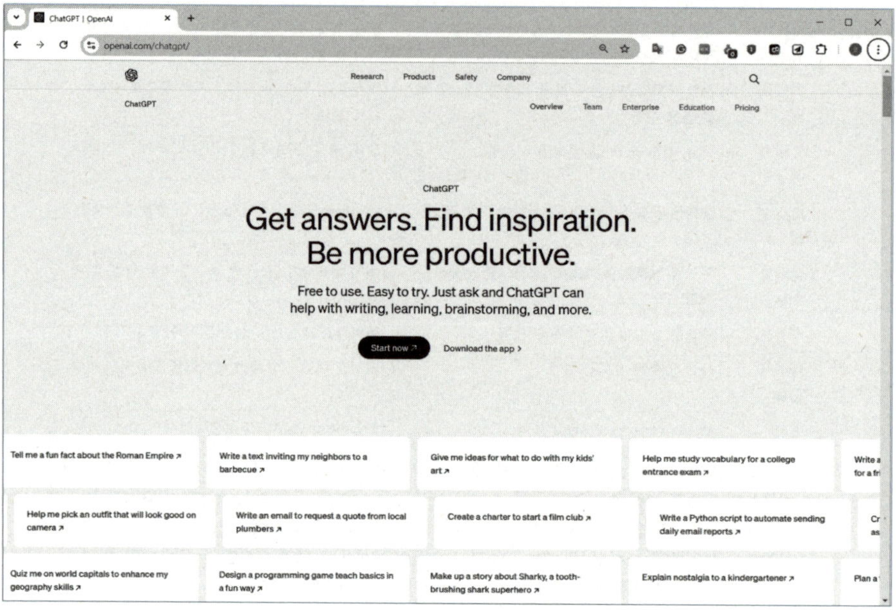

❷ 회원가입 및 로그인

메인 페이지에서 오른쪽 상단 회원가입 버튼을 클릭한다.

- 이메일 주소, 비밀번호 등의 필수 정보를 입력하고 Create Account를 클릭한다.

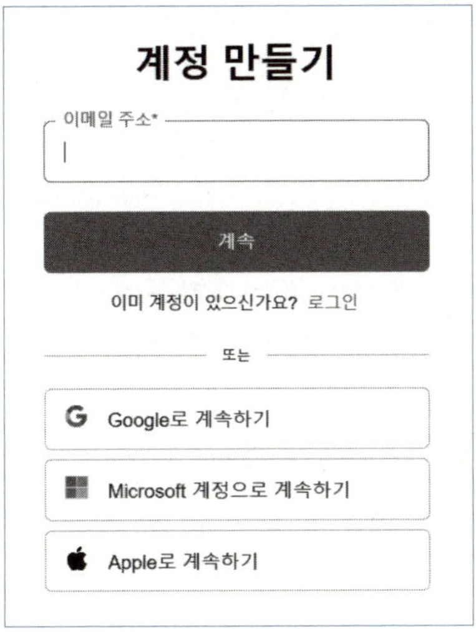

- 입력한 이메일 주소로 발송된 인증 메일을 확인하고, 이메일 인증을 완료한다.
- 이메일 인증 후 다시 ChatGPT 웹사이트로 돌아와 Log In 또는 로그인 버튼을 클릭한다.
- 생성한 계정의 이메일 주소와 비밀번호를 입력하고 로그인한다.

❸ ChatGPT와 대화를 나누고 결과 얻기

채팅창에 "CAI와 AI의 차이점을 표로 정리해 줘."와 같이 궁금하거나 대화하고 싶은 내용을 입력하고, 원하는 결과가 나오면 결과를 가져온다.

CAI와 AI의 차이점을 표로 정리해 줘.

CAI (Computer-Assisted Instruction)와 AI (Artificial Intelligence)의 차이점

항목	CAI (Computer-Assisted Instruction)	AI (Artificial Intelligence)
정의	컴퓨터를 활용해 학습 과정을 보조하고 지원하는 시스템	인간의 지능을 모방하여 문제를 해결하고 학습하는 시스템
목적	학습자의 학습을 돕고, 교육적인 목표를 달성하도록 지원	문제 해결, 의사결정, 자동화, 예측 등 다양한 기능 수행
기술 기반	사전 프로그래밍된 자료와 시뮬레이션, 평가 툴 등을 사용	머신러닝, 딥러닝, 자연어 처리 등으로 자율적으로 학습
응용 분야	교육, 학습 도구, 교사 보조 시스템	의료, 금융, 자율주행, 제조업, 고객 서비스 등
학습 방법	정해진 규칙과 자료에 따라 학습 자료 제공	데이터를 기반으로 학습하고 모델을 최적화함
대화형 수준	제한적 상호작용 (정해진 프로그램 내에서만 가능)	동적 상호작용 (사용자 요구에 따라 반응 및 학습)
적응성	새로운 상황에 대한 적응력 없음	데이터를 학습하며 상황에 따라 적응 가능
데이터 활용	사전 입력된 자료만 활용	실시간 데이터와 과거 데이터를 활용하여 학습 및 개선
예시	Khan Academy, Rosetta Stone	Siri, Alexa, ChatGPT, 자율주행차

Computer-Assisted Instruction (CAI)는 주로 교육 지원 시스템으로, 사전 설계된 학습 자료를 통해 학습자의 학습을 보조하는 데 초점을 둡니다. 반면, **Artificial Intelligence (AI)**는 다양한 분야에서 데이터를 기반으로 학습하며 문제를 해결하고 의사결정을 자동화하는 기술입니다. CAI는 정해진 규칙과 자료에 의존하는 반면, AI는 스스로 학습하여 새로운 상황에 적응할 수 있습니다. 이로 인해 CAI는 교육 중심 도구로 제한되지만, AI는 보다 광범위한 산업에서 활용됩니다.

메시지 ChatGPT

❹ 추가로 원하는 질문과 답변을 통해 기능들을 자유롭게 익혀 보기

챗GPT 인터페이스 구성 및 기능 설명

구성 요소	설명
메인 대화창	- 사용자 질문 및 챗GPT 응답 표시 - 대화 내용을 스크롤하여 이전 응답 확인 가능
입력창	- 질문이나 요청 입력 공간 - 텍스트 입력 후 **Send** 버튼 클릭 또는 **Enter** 키로 메시지 전송
사이드바 (메뉴)	- **대화 기록**: 이전 대화를 저장 및 불러오기 - **설정**: 챗GPT의 동작 방식 조정 - **도움말**: 사용 방법 및 FAQ 제공
설정 아이콘	- **언어 설정**: 대화에 사용할 언어 선택 - **응답 길이**: 챗GPT 응답 길이 조정 - **톤 설정**: 응답 톤 (포멀, 캐주얼 등) 설정
도움말 아이콘	- 도움말 페이지로 이동하여 챗GPT 사용법 확인 - 자주 묻는 질문(FAQ)에 대한 답변 확인

이 표를 통해 챗GPT 인터페이스의 각 구성 요소와 그 기능을 간략히 이해할 수 있습니다.

< 1/2 >

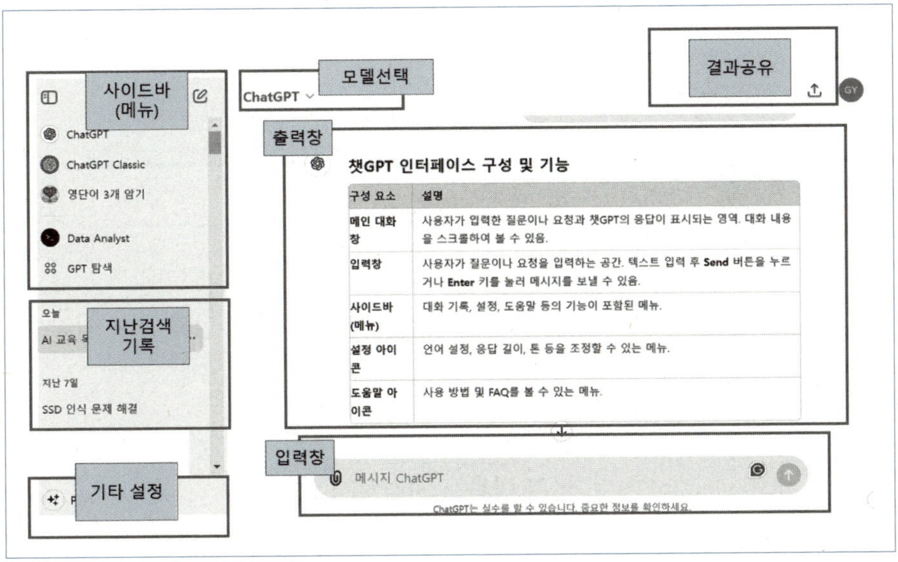

ChatGPT 인터페이스는 앞과 같고 각 부분을 간략히 설명하면 다음과 같다.

- **사이드바(메뉴)**: 다양한 옵션과 기능에 접근할 수 있는 공간. ChatGPT, ChatGPT Classic 등 다양한 모드 선택
- **출력창**: AI의 응답 내용을 표시하는 영역. 질문에 대한 AI의 응답을 시각적 확인
- **입력창**: 사용자 질문을 입력하는 공간. 질문 입력 후 Send 버튼 클릭 또는 Enter 키로 메시지 전송 가능
- **지난 검색 기록**: 사용자가 이전에 했던 질문이나 검색 내용을 쉽게 찾아볼 수 있음
- **기타 설정**: 사용자 맞춤 설정을 위한 메뉴 혹은 업그레이드 활성화
- **결과 공유**: 대화 결과를 다른 사용자와 공유할 수 있는 기능

2 Gemini 둘러보기

구글에서 AI 서비스 중인 Gemini를 활용하기 위해 가입해 보고 기능들을 활용해 보자.

● 미션: Gemini 가입 및 첫 대화를 시작하시오.

● 조건: 계정 생성 후 로그인해서 Gemini와 대화를 나눠 보고, "CAI

와 AI의 차이점을 표로 정리해 줘."와 같이 ChatGPT 대화와 동일한 질문을 제시해 보고 그 결과를 비교해 보시오.

● 결과물 예시

CAI와 AI의 차이점을 표로 정리해 줘.

CAI (Computer-Assisted Instruction)와 AI (Artificial Intelligence)의 차이점

항목	CAI (Computer-Assisted Instruction)	AI (Artificial Intelligence)
정의	컴퓨터를 활용해 학습 과정을 보조하고 지원하는 시스템	인간의 지능을 모방하여 문제를 해결하고 학습하는 시스템
목적	학습자의 학습을 돕고, 교육적인 목표를 달성하도록 지원	문제 해결, 의사결정, 자동화, 예측 등 다양한 기능 수행
기술 기반	사전 프로그래밍된 자료와 시뮬레이션, 평가 툴 등을 사용	머신러닝, 딥러닝, 자연어 처리 등으로 자율적으로 학습
응용 분야	교육, 학습 도구, 교사 보조 시스템	의료, 금융, 자율주행, 제조업, 고객 서비스 등
학습 방법	정해진 규칙과 자료에 따라 학습 자료 제공	데이터를 기반으로 학습하고 모델을 최적화함
대화형 수준	제한적 상호작용 (정해진 프로그램 내에서만 가능)	동적 상호작용 (사용자 요구에 따라 반응 및 학습)
적응성	새로운 상황에 대한 적응력 없음	데이터를 학습하며 상황에 따라 적응 가능
데이터 활용	사전 입력된 자료만 활용	실시간 데이터와 과거 데이터를 활용하여 학습 및 개선
예시	Khan Academy, Rosetta Stone	Siri, Alexa, ChatGPT, 자율주행차

Computer-Assisted Instruction (CAI)는 주로 교육 지원 시스템으로, 사전 설계된 학습 자료를 통해 학습자의 학습을 보조하는 데 초점을 둡니다. 반면, **Artificial Intelligence (AI)**는 다양한 분야에서 데이터를 기반으로 학습하며 문제를 해결하고 의사결정을 자동화하는 기술입니다. CAI는 정해진 규칙과 자료에 의존하는 반면, AI는 스스로 학습하여 새로운 상황에 적응할 수 있습니다. 이로 인해 CAI는 교육 중심 도구로 제한되지만, AI는 보다 광범위한 산업에서 활용됩니다.

메시지 ChatGPT

ChatGPT

CAI와 AI의 차이점 표

CAI와 AI는 종종 혼동되지만, 각각 다른 특징과 목적을 가진 기술입니다. 아래 표를 통해 두 개념의 차이점을 명확하게 이해할 수 있습니다.

특징	CAI (Computer-Assisted Instruction)	AI (Artificial Intelligence)
정의	컴퓨터를 활용하여 학습자에게 개별화된 학습 경험을 제공하는 기술	인간의 지능을 모방하여 학습, 추론, 문제 해결 등을 수행하는 기술
목표	학습 효과 극대화, 학습자 맞춤형 학습 제공	인간 수준의 지능 구현, 다양한 문제 해결 능력
핵심 기술	분기 논리, 개별화된 피드백, 학습 진도 관리	머신 러닝, 딥 러닝, 자연어 처리, 컴퓨터 비전 등
활용 분야	교육, 훈련, 시뮬레이션	다양한 분야 (예: 의료, 금융, 자율주행, 게임 등)
예시	온라인 강의 플랫폼, 스마트 튜터링 시스템, e-러닝 콘텐츠	챗봇, 이미지 인식 시스템, 자율주행 자동차, 의료 진단 시스템

Sheets로 내보내기

요약

- **CAI**는 교육 분야에 특화되어 학습자의 학습을 돕는 데 초점을 맞춘 기술입니다. 개별 학습자의 수준과 속도에 맞춰 학습 내용과 방법을 조절하여 학습 효과를 높이는 것이 목표입니다.
- **AI**는 더욱 광범위한 분야에서 활용되는 기술로, 인간의 지능을 모방하여 다양한 문제를 해결하고 새로운 가치를 창출하는 것을 목표로 합니다. 머신 러닝, 딥 러닝 등의 기술을 기반으로 데이터를 학습하고 분석하여 예측, 분류, 생성 등의 작업을 수행합니다.

결론적으로, CAI는 AI의 한 분야로 볼 수 있지만, 그 목적과 활용 분야는 다릅니다. AI가 더욱 포괄적인 개념이라면, CAI는 교육 분야에서 AI 기술을 특화하여 활용하는 한 가지 예시라고 할 수 있습니다.

더 궁금한 점이 있으시면 언제든지 질문해주세요.

참고:

Gemini

실행순서

❶ Gemini 공식 웹사이트(https://gemini.google.com)에 접속하기

❷ 계정 만들기와 로그인하기

- 구글 계정이 있다면 구글 로그인 후 사용하면 편리하다.
- 메인 페이지에서 오른쪽 상단 로그인 버튼을 클릭한다.

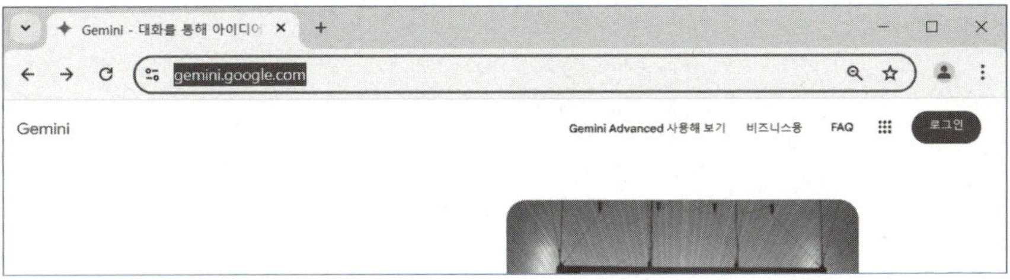

계정이 있으면 선택하고, 없으면 다른 계정 사용을 누르면 새롭게 만들 수 있다.

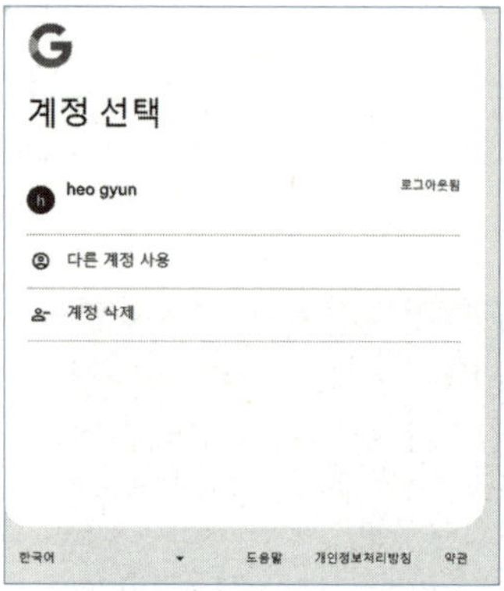

로그인을 하면 나오는 창이다.

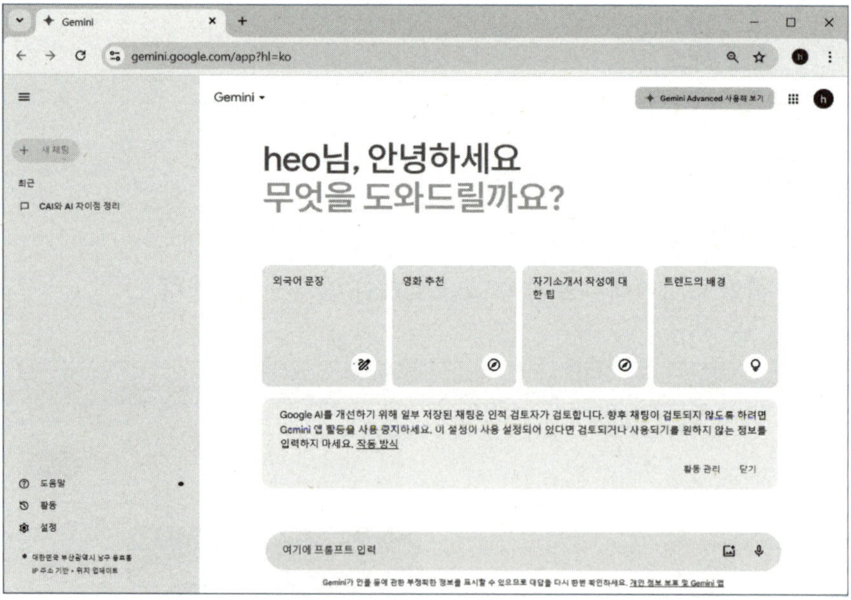

❸ Gemini와 대화를 나누고 결과 얻기

채팅창에 "CAI와 AI의 차이점을 표로 정리해 줘."와 같이 궁금하거나 대화하고 싶은 내용을 입력하고, 원하는 결과가 나오면 결과를 가져온다.

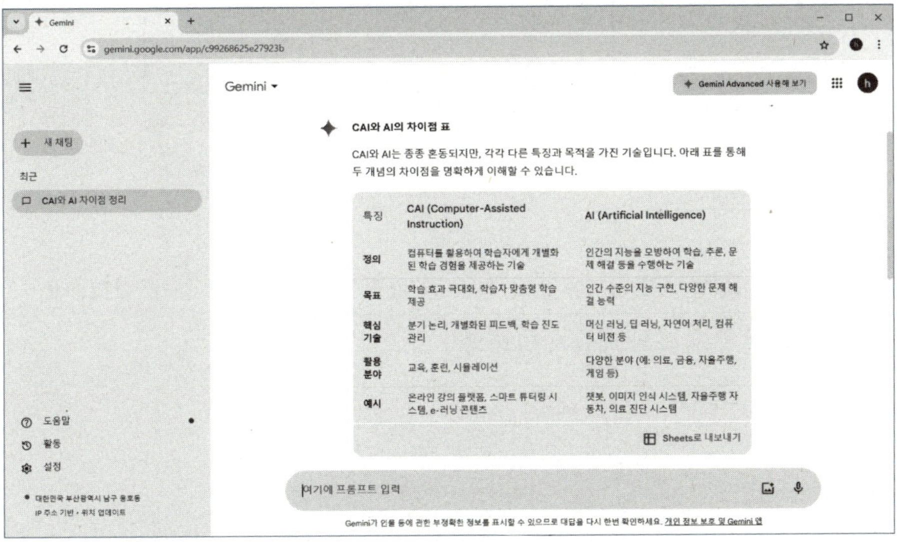

❹ Gemini 인터페이스는 앞과 같고 간략히 설명하면 다음과 같다.

- **사이드바(메뉴)**: 다양한 옵션과 기능 설정. 폈다 접었다 가능
- **출력창**: AI 응답 내용을 표시하는 영역
- **입력창**: 사용자 질문을 입력하는 공간. 사진, 파일 등을 넣을 수 있음
- **지난 검색 기록**: 사용자가 이전에 했던 질문이나 검색 내용을 쉽게 찾아볼 수 있음

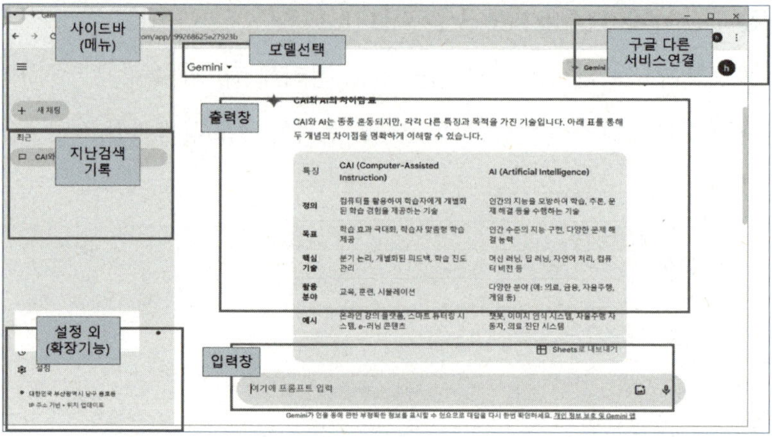

• **설정 외(확장기능)**: '설정'을 누르면 확장 프로그램, 내 공개 링크, 테마 설정의 하위 메뉴가 나타남

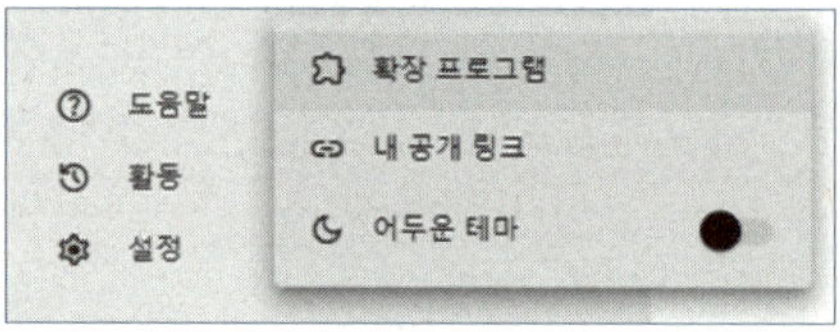

확장 프로그램을 누르면 다음 그림과 같이 나타나며, 여러 가지 서비스가 추가될 것 같음

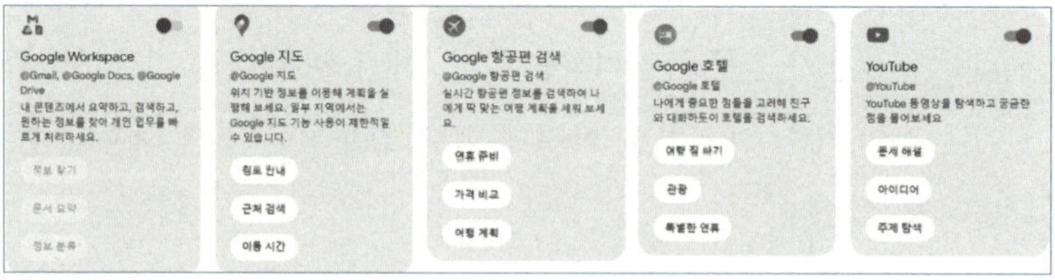

• **결과 공유**: 대화 결과를 다른 사용자와 공유할 수 있는 기능

3 기타 AI 도구 둘러보기

최근 다양한 AI 도구가 등장하고 있다. 이 중 ChatGPT와 유사한 형태의 대표적 서비스 중 Copilot, wrtn, CLOVA X를 살펴보자.

Copilot은 마이크로소프트사에서 텍스트 및 사진 등을 이해할 수 인공지능 서비스다. 텍스트 및 다양한 형태의 입력할 수 있으며 마이크로소프트사의 엣지와 오피스에도 확장되어 적용되고 있다. 엣지 브라우저에서 실행되는 Bing Copilot은 무료로 공개되고 있으며, 검색 엔진과도 연결되어 서비스가 제공되고 있다.

wrtn은 인공지능 챗봇으로 한국 회사에서 만든 서비스이다. 다양한 서비스 중 유료화된 ChatGPT 기능 일부를 무료로 제공하고 있어 다양한 기능을 체험하고 많은 통찰을 줄 수 있다.

CLOVA X는 네이버에서 제공하는 인공지능 서비스이다. 한국에 특화되어 있으며, 파일이나 이미지를 업로드할 수 있다. 네이버의 지식인, 쇼핑, 여행 등의 다양한 서비스와 연계될 수 있어 우리들이 사용하는 데 친숙할 것으로 생각된다.

- 미션: Copilot, wrtn, CLOVA X를 활용하여 첫 대화를 시작해 보시오.

- 조건: 계정 생성 후 로그인해서 대화를 나눠보고, "CAI와 AI의 차이점을 표로 정리해 줘."와 같이 다른 AI 서비스와 동일한 질문을 제시해 보고 그 결과를 비교해서 살펴보시오.

● 결과물 예시(Copilot, wrtn, CLOVA X 접속 화면)

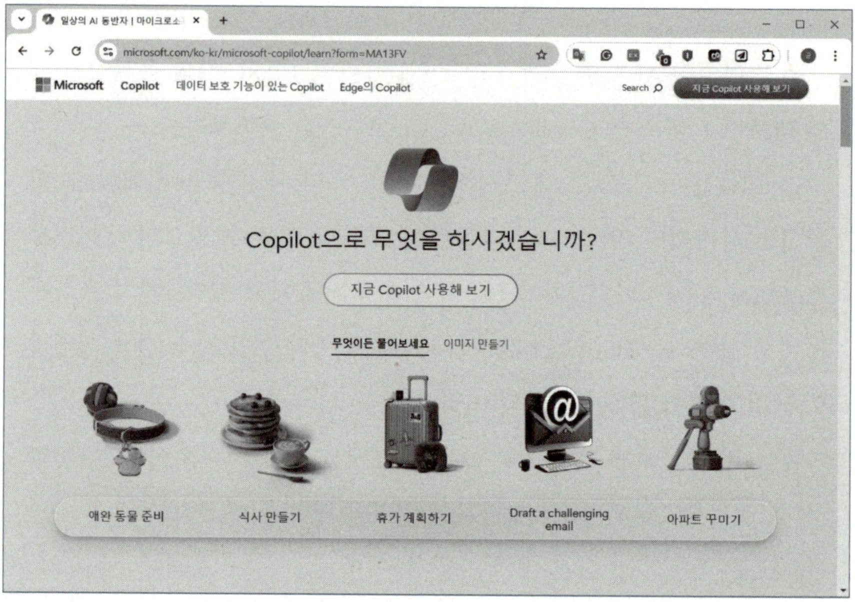

Copilot

wrtn.
홈
캐릭터 챗
저장됨
최근 기록
완벽하게 업무하기
문서, 이미지, 웹사이트 분석과 최고의 성능
원하는 목적을 선택하세요
해결할 과제를 설명해 주세요
다른 사람들은 뤼튼에게
동화책 작가가 되어 보았어요
건강 정보 블로그 글을 썼어요
자기소개서 작성에 도움을 받았어요
디자인 프로젝트를 시작했어요

wrtn

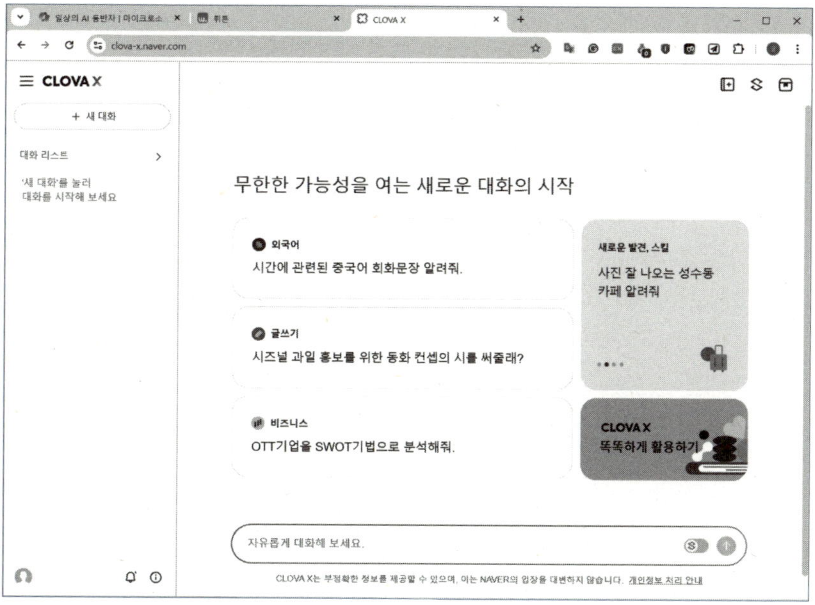
CLOVA X
+ 새 대화
대화 리스트
'새 대화'를 눌러
대화를 시작해 보세요
무한한 가능성을 여는 새로운 대화의 시작
외국어
시간에 관련된 중국어 회화문장 알려줘.
글쓰기
시즈널 과일 홍보를 위한 동화 컨셉의 시를 써줄래?
비즈니스
OTT기업을 SWOT기법으로 분석해줘.
새로운 발견, 스킬
사진 잘 나오는 성수동
카페 알려줘
CLOVA X
똑똑하게 활용하기
자유롭게 대화해 보세요.

CLOVA X

CLOVA X
+ 새 대화
대화 리스트
'새 대화'를 눌러
대화를 시작해 보세요
CLOVA X 똑똑하게 활용하기
키워드 검색
전체
글쓰기
외국어
생활
학습
여행
쇼핑
구인구직
역사
과학
일상 대화
일반 정보
비즈니스
프로그래밍
스킬만 보기
비즈니스
육아용품 통합몰 창업아이템 개요를 써줘.
#육아용품 #창업
글쓰기
오랜만에 뵙는 은사님께 드릴 편지를 써줘.
#감사편지
여행
레트로 감성 문래동 맛집 알려줄래?
#문래동 #레트로 #맛집
여행
무박으로 가볍게 강릉 바다 다녀올래
글쓰기
초등학생에게 엔트로피를 설명하는 대본 작성해줄래?
프로그래밍
전기차 충전소 지도 시각화 방법을 알려줘.

제1장 요약

ChatGPT 가입하고 활용하기

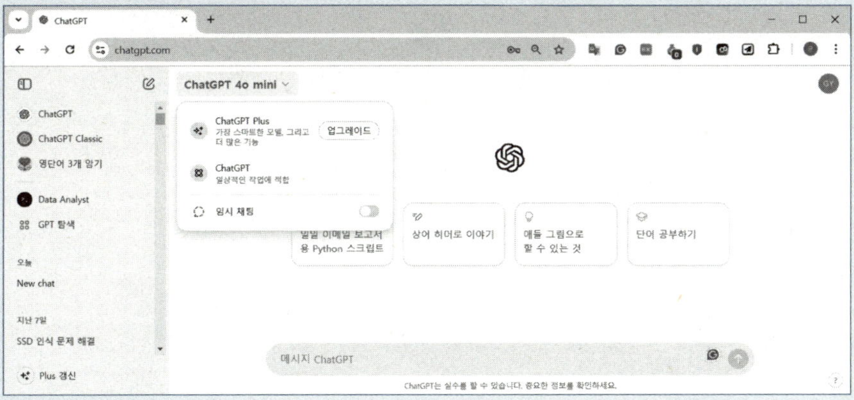

Gemini 가입하고 활용하기

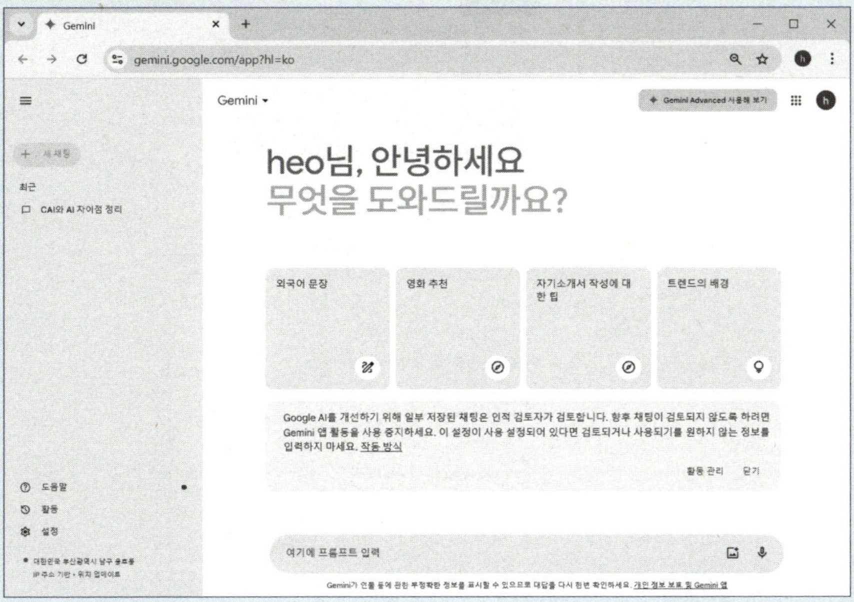

기타 AI 도구 둘러보기
– Copilot, wrtn, CLOVA X

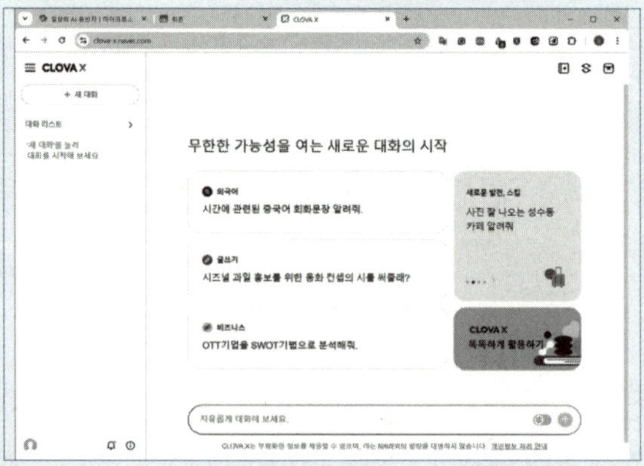

제1장 연습문제

1. 'AI와 CAI의 차이점'을 ChatGPT, Gemini, CLOVA X에게 각각 물어보고 각 서비스의 차이점과 특징을 제시하시오.

2. 여러 AI 도구를 스마트폰에 설치해 보고, PC 설치와의 차이점을 제시하시오.

3. 자신이 궁금한 질문이나 주제를 선정해서 각 AI 서비스별로 질문해 보시오. 자신의 의도와 가장 유사한 응답을 한 AI 서비스를 제시해 보고 그렇게 생각한 이유를 제시하시오.

MEMO

제2장

ChatGPT 활용하기

이번 장에서는 ChatGPT를 간단하게 활용하며 기능들을 익혀 보려고 한다. 기본적인 기능과 함께 모두 접근 가능한 무료 기능을 중심으로 간략히 다룰 예정이다. 개념이나 발전사항 등과 같은 세부적인 내용들과 ChatGPT 관련 설명은 공개된 정보인 네이버 지식백과나 나무위키 등의 최근 업데이트 정보로 간단히 살펴보자. 다음은 웹사이트 주소를 나타낸다.

NAVER 지식백과 https://terms.naver.com/entry.naver?docId=6646863&cid=43667&categoryId=43667	나무위키 https://namu.wiki/w/ChatGPT

1 ChatGPT 활용 질문하기

채팅 기반의 AI 서비스를 활용할 때 질문에 따라 다양하게 답변을 해준다. 사용자가 원하는 답변을 받기 위해서는 질문하는 방식도 사전에 고려되어야 한다. 최근에는 '프롬프트 엔지니어링'이라는 용어도 등장하여, 구체적으로 명령어를 어떻게 작성하면 보다 효과적으로 답변을 얻을 수 있는지에 대한 다양한 정보도 등장하고 있다.

원하는 결과를 효과적으로 이끌어 내기 위해 ChatGPT에게 질문할 때 어떠한 원리가 있을 수 있다. ChatGPT를 활용할 때 짧은 시간에 사용자가 원하는 결과를 얻기 위해서는 해당 서비스의 명령어(프롬프트) 작성 원리에 맞춰서 제시하면 좋다. 예를 들면, 역할을 부여하기, 구체적인 질문하기, 명확한 문맥 제시하기 등은 널리 알려져 있다.

그렇다면 ChatGPT한테 질문할 때 어떠한 원칙(프롬프트 작성 기본원칙)으로 해야 하는지 다른 AI 서비스에게 직접 물어보면서 정리해 보자.

● 미션: ChatGPT한테 질문할 때 어떠한 원칙(프롬프트 작성 기본원칙)으로 해야 하는지 물어보고 정리해 보시오.

● 조건: 1. 표 형태로 제시해 달라고 요청해 보시오.
2. 다른 AI 서비스에도 요청해 보시오.

● 결과물 (일부) 예시

ChatGPT를 활용한 질문의 원리를 이해하기 쉽게 표로 정리하면 다음과 같습니다.

질문 유형	설명	적용 예시	작동 원리
정보 요청	특정 정보나 사실에 대한 질문	"2023년의 주요 경제 트렌드는 무엇인가?"	사전 학습된 데이터베이스에서 관련 정보를 검색하고 요약하여 제공
아이디어 생성	창의적 아이디어나 영감을 얻기 위한 질문	"기후 변화에 대응하는 새로운 기술 아이디어는?"	여러 가지 아이디어를 생성하기 위해 다양한 정보를 조합하여 창의적인 응답 제공
문제 해결	특정 문제에 대한 해결책을 찾기 위한 질문	"논문 주제 선정 시 고려해야 할 요소는 무엇인가?"	문제의 핵심을 이해하고, 사전 학습된 데이터와 경험을 기반으로 해결책 제안
의견 요청	특정 주제에 대한 의견이나 견해를 묻는 질문	"AI의 윤리적 문제에 대한 의견은?"	다양한 관점을 고려한 균형 잡힌 의견 제공
비교 분석	두 가지 이상의 옵션을 비교하여 분석하는 질문	"정량적 연구와 정성적 연구의 차이점은?"	각 옵션의 특성과 차이점을 분석하고 비교하여 설명
추론 및 예측	특정 상황에서 발생할 가능성이 높은 결과를 예측하는 질문	"다음 10년 동안의 기술 발전은?"	사전 학습된 데이터와 현재 트렌드를 바탕으로 합리적 추론을 통해 미래 예측
조언 및 가이드	특정 상황에서의 최선의 행동 방침에 대한 조언 요청	"효율적인 시간 관리 방법은?"	다양한 방법론과 실천적인 조언 제공

이 표는 ChatGPT를 다양한 유형의 질문에 활용할 때의 원리와 기대할 수 있는 응답의 특성을 체계적으로 정리한 것입니다.

다음은 ChatGPT를 활용하여 질문하는 원리를 정리한 표입니다:

원리	설명
명확성	질문을 명확하고 구체적으로 작성하여 원하는 정보를 정확히 요청합니다.
간결성	불필요한 정보를 줄이고 핵심적인 내용만 포함시켜 질문을 간결하게 만듭니다.
맥락 제공	질문의 배경이나 맥락을 제공하여 AI가 보다 정확한 답변을 할 수 있도록 합니다.
목적 설정	질문의 목적을 분명히 하여 AI가 적절한 방향으로 답변하도록 유도합니다.
피드백 활용	AI의 답변에 대한 피드백을 주어 추가적인 질문이나 clarification을 요청합니다.

이 원리를 통해 ChatGPT를 더욱 효과적으로 활용할 수 있습니다.

실행순서

❶ wrtn에게 질문해 보기

- 질문 사례 A: "ChatGPT한테 질문할 때 어떠한 원칙(프롬프트 작성 기본원칙)으로 해야 하는지 알려 줘."
- 결과로 명확성, 구체성, 맥락 제공, 목적 설명, 개방형 질문의 원칙이 나왔다. 구체적인 내용은 다음의 설명을 참고하자.

ChatGPT한테 질문할 때 어떠한 원칙(프롬프트 작성 기본원칙)으로 해야 하는지 알려줘

답변

ChatGPT에게 질문할 때 유용한 프롬프트 작성 원칙은 다음과 같습니다:

1. **명확성**: 질문을 명확하게 작성하여 원하는 정보를 정확하게 전달하세요.
2. **구체성**: 가능한 한 세부적인 내용을 포함하여 원하는 답변의 범위를 좁히세요.
3. **맥락 제공**: 필요한 경우 배경 정보를 제공하여 질문의 맥락을 이해할 수 있도록 합니다.
4. **목적 설명**: 질문의 목적이나 원하는 결과를 설명하면 더 관련성 높은 답변을 받을 수 있습니다.
5. **개방형 질문**: "예" 또는 "아니오"로 답할 수 없는 질문을 통해 보다 풍부한 정보를 얻도록 합니다.

이러한 원칙을 따르면 ChatGPT로부터 더 유용하고 정확한 답변을 받을 수 있습니다.

❷ 조건 1의 결과 형식 지정(표 형태로 출력)을 요청해 보기

- 질문 사례 B: "ChatGPT한테 질문할 때 어떠한 원칙(프롬프트 작성 기본원칙)으로 해야 하는지 알려 줘. 결과는 표 형태로 제시해 줘."

ChatGPT한테 질문할 때 어떠한 원칙(프롬프트 작성 기본원칙)으로 해야 하는지 알려줘. 결과는 표형태로 제시해줘

답변

아래는 ChatGPT에게 질문할 때 유용한 프롬프트 작성 원칙을 표 형태로 정리한 것입니다.

원칙	설명
명확성	질문을 명확하게 작성하여 원하는 정보를 정확하게 전달하기.
구체성	세부적인 내용을 포함하여 원하는 답변의 범위를 좁히기.
맥락 제공	필요한 경우 배경 정보를 제공하여 질문의 맥락을 이해하도록 하기.
목적 설명	질문의 목적이나 원하는 결과를 설명하여 관련성 높은 답변을 얻기.
개방형 질문	"예" 또는 "아니오"로 답할 수 없는 질문을 통해 더욱 풍부한 정보 얻기.

이 원칙들을 잘 활용하면 더 효과적인 질문을 할 수 있습니다.

➊의 결과와 거의 같은 내용을 표 형태로 출력해 주었다.

➌ 조건 2를 해결하기 위해 다른 AI 서비스에게 동일한 질문으로 요청해 보기

질문 사례 C: Gemini에게 질문

"ChatGPT한테 질문할 때 어떠한 원칙(프롬프트 작성 기본원칙)으로 해야 하는지 알려 줘."

질문 사례 D: Gemini에게 질문

"ChatGPT한테 질문할 때 어떠한 원칙(프롬프트 작성 기본원칙)으로 해야 하는지 알려 줘. 결과는 표 형태로 제시해 줘."

h

ChatGPT한테 질문할 때 어떠한 원칙(프롬프트 작성 기본원칙)으로 해야 하는지 알려줘

답안 표시

ChatGPT에게 효과적으로 질문하는 방법: 프롬프트 작성 기본 원칙

ChatGPT에게 질문할 때, 명확하고 구체적인 프롬프트를 작성하는 것이 중요합니다. 잘 작성된 프롬프트는 더욱 정확하고 만족스러운 답변을 얻을 수 있도록 도와줍니다. 다음은 ChatGPT에게 질문할 때 지켜야 할 몇 가지 기본 원칙입니다.

1. 명확하고 간결하게 질문하기

- **구체적인 단어 사용:** 가능한 한 구체적인 단어를 사용하여 질문의 의도를 명확하게 전달하세요.
- **불필요한 단어 생략:** 불필요한 단어는 오히려 질문을 복잡하게 만들 수 있으므로 생략하세요.
- **한 번에 하나의 질문:** 여러 질문을 한꺼번에 던지기보다는 하나의 질문에 집중하여 답변을 받는 것이 좋습니다.

예시:

- **좋지 않은 예시:** "인공지능에 대해 알려주세요."
- **좋은 예시:** "ChatGPT는 어떤 원리로 작동하며, 어떤 분야에 활용될 수 있나요?"

2. 맥락 제공하기

- **필요한 배경 정보 제공:** 질문에 대한 맥락을 제공하면 ChatGPT가 더욱 정확한 답변을 생성할 수 있습니다.
- **예시:** "저는 현재 마케팅 관련 업무를 하고 있습니다. ChatGPT를 활용하여 더 효과적인 광고 문구를 만들 수 있을까요?"

3. 원하는 답변 형식 지정하기

- **요약, 목록, 설명 등:** 원하는 답변의 형식을 지정하면 ChatGPT가 그에 맞춰 답변을 생성합니다.
- **예시:** "챗GPT의 장단점을 간략하게 요약해주세요."

4. 다양한 표현 시도하기

- **다른 단어나 문장으로 질문:** 같은 의미를 다른 표현으로 질문해보면 다양한 관점의 답변을 얻을 수 있습니다.

5. 피드백 제공하기

- **답변에 대한 평가:** ChatGPT의 답변에 대한 피드백을 제공하면 다음 질문에 대한 답변의 질이 향상될 수 있습니다.

6. 롤플레잉 시도하기

- **특정 역할 부여:** ChatGPT에게 특정 역할을 부여하여 더욱 재미있고 창의적인 대화를 이끌어낼 수 있습니다.
- **예시:** "당신은 유명한 과학자입니다. 인공지능의 미래에 대해 설명해주세요."

추가 팁

- **전문 용어 사용:** 특정 분야에 대한 질문을 할 때는 관련된 전문 용어를 사용하면 더 정확한 답변을 얻을 수 있습니다.
- **질문을 세분화:** 너무 넓은 범위의 질문보다는 세분화된 질문을 통해 더 자세한 정보를 얻을 수 있습니다.
- **다양한 질문 시도:** 같은 주제에 대해 다양한 질문을 시도하면 더 많은 정보를 얻을 수 있습니다.

결론적으로, ChatGPT에게 질문할 때는 명확하고 구체적인 프롬프트를 작성하는 것이 가장 중요합니다. 위에서 제시된 기본 원칙들을 참고하여 ChatGPT와의 대화를 더욱 효과적으로 활용해 보세요.

궁금한 점이 있다면 언제든지 다시 질문해주세요.

더 자세한 정보를 원하시면 다음과 같은 키워드로 검색해 보세요:

- ChatGPT 프롬프트 작성 가이드
- ChatGPT 효과적인 질문 방법
- 프롬프트 엔지니어링

혹시 특정 분야에 대한 질문을 작성하는 데 도움이 필요하시면, 구체적인 상황을 설명해주세요.

답안 표시

ChatGPT에게 효과적인 질문을 위한 프롬프트 작성 가이드 (표 형태)

No.	원칙	설명	예시 (나쁜 예시 → 좋은 예시)
1	**명확하고 간결하게 질문하기**	불필요한 단어를 줄이고, 구체적인 단어를 사용하여 질문의 의도를 명확하게 전달합니다.	"인공지능에 대해 알려주세요." → "ChatGPT는 어떤 원리로 작동하며, 어떤 분야에 활용될 수 있나요?"
2	**맥락 제공하기**	질문에 대한 배경 정보를 제공하여 ChatGPT가 더욱 정확한 답변을 생성하도록 돕습니다.	"챗GPT에 대해 알려주세요." → "저는 현재 마케팅 관련 업무를 하고 있습니다. ChatGPT를 활용하여 더 효과적인 광고 문구를 만들 수 있을까요?"
3	**원하는 답변 형식 지정하기**	요약, 목록, 설명 등 원하는 답변의 형식을 명시하여 ChatGPT가 맞춤형 답변을 생성하도록 합니다.	"챗GPT의 장단점을 알려주세요." → "챗GPT의 장단점을 간략하게 요약해주세요."
4	**다양한 표현 시도하기**	같은 의미를 다른 표현으로 질문하여 다양한 관점의 답변을 얻을 수 있습니다.	"챗GPT는 무엇인가요?" → "챗GPT는 어떤 기술인가요?"
5	**피드백 제공하기**	ChatGPT의 답변에 대한 피드백을 제공하여 다음 질문에 대한 답변의 질을 향상시킬 수 있습니다.	"네, 감사합니다. 좀 더 자세히 설명해주시면 좋겠어요."
6	**롤플레잉 시도하기**	ChatGPT에게 특정 역할을 부여하여 더욱 재미있고 창의적인 대화를 이끌어낼 수 있습니다.	"당신은 유명한 과학자입니다. 인공지능의 미래에 대해 설명해주세요."
7	**전문 용어 사용하기**	특정 분야에 대한 질문을 할 때는 관련된 전문 용어를 사용하여 더 정확한 답변을 얻을 수 있습니다.	"딥러닝 모델의 과적합 문제를 해결하기 위한 방법을 알려주세요."
8	**질문 세분화하기**	너무 넓은 범위의 질문보다는 세분화된 질문을 통해 더 자세한 정보를 얻을 수 있습니다.	"인공지능에 대해 알려주세요." → "ChatGPT는 어떤 종류의 인공지능 모델인가요?"

Sheets로 내보내기

❹ 최종 결과 보기

ChatGPT한테 질문할 때 어떠한 원칙(프롬프트 작성 기본원칙)으로 해야 하는지 알려줘. 결과는 표형태로 제시해줘

답변

아래는 ChatGPT에게 질문할 때 유용한 프롬프트 작성 원칙을 표 형태로 정리한 것입니다.

원칙	설명
명확성	질문을 명확하게 작성하여 원하는 정보를 정확하게 전달하기.
구체성	세부적인 내용을 포함하여 원하는 답변의 범위를 좁히기.
맥락 제공	필요한 경우 배경 정보를 제공하여 질문의 맥락을 이해하도록 하기.
목적 설명	질문의 목적이나 원하는 결과를 설명하여 관련성 높은 답변을 얻기.
개방형 질문	"예" 또는 "아니오"로 답할 수 없는 질문을 통해 더욱 풍부한 정보 얻기.

이 원칙들을 잘 활용하면 더 효과적인 질문을 할 수 있습니다.

답안 표시

ChatGPT에게 효과적인 질문을 위한 프롬프트 작성 가이드 (표 형태)

No.	원칙	설명	예시 (나쁜 예시 → 좋은 예시)
1	**명확하고 간결하게 질문하기**	불필요한 단어를 줄이고, 구체적인 단어를 사용하여 질문의 의도를 명확하게 전달합니다.	"인공지능에 대해 알려주세요." → "ChatGPT는 어떤 원리로 작동하며, 어떤 분야에 활용될 수 있나요?"
2	**맥락 제공하기**	질문에 대한 배경 정보를 제공하여 ChatGPT가 더욱 정확한 답변을 생성하도록 돕습니다.	"챗GPT에 대해 알려주세요." → "저는 현재 마케팅 관련 업무를 하고 있습니다. ChatGPT를 활용하여 더 효과적인 광고 문구를 만들 수 있을까요?"
3	**원하는 답변 형식 지정하기**	요약, 목록, 설명 등 원하는 답변의 형식을 명시하여 ChatGPT가 맞춤형 답변을 생성하도록 합니다.	"챗GPT의 장단점을 알려주세요." → "챗GPT의 장단점을 간략하게 요약해주세요."
4	**다양한 표현 시도하기**	같은 의미를 다른 표현으로 질문하여 다양한 관점의 답변을 얻을 수 있습니다.	"챗GPT는 무엇인가요?" → "챗GPT는 어떤 기술인가요?"
5	**피드백 제공하기**	ChatGPT의 답변에 대한 피드백을 제공하여 다음 질문에 대한 답변의 질을 향상시킬 수 있습니다.	"네, 감사합니다. 좀 더 자세히 설명해주시면 좋겠어요."
6	**롤플레잉 시도하기**	ChatGPT에게 특정 역할을 부여하여 더욱 재미있고 창의적인 대화를 이끌어낼 수 있습니다.	"당신은 유명한 과학자입니다. 인공지능의 미래에 대해 설명해주세요."
7	**전문 용어 사용하기**	특정 분야에 대한 질문을 할 때는 관련된 전문 용어를 사용하여 더 정확한 답변을 얻을 수 있습니다.	"딥러닝 모델의 과적합 문제를 해결하기 위한 방법을 알려주세요."
8	**질문 세분화하기**	너무 넓은 범위의 질문보다는 세분화된 질문을 통해 더 자세한 정보를 얻을 수 있습니다.	"인공지능에 대해 알려주세요." → "ChatGPT는 어떤 종류의 인공지능 모델인가요?"

Sheets로 내보내기

• • • 자율미션 • • •

1. Mahmoud Bsharat, S., Myrzakhan, A., & Shen, Z. (2024). Principled instructions are all you need for questioning LLaMA-1/2, GPT-3.5/4. VILA Lab, Mohamed bin Zayed University of AI. https://github.com/VILA-Lab/ATLAS
2. Pividori, M., & Greene, C. S. (2024). Chatbots in science: What can ChatGPT do for you? Nature Careers. https://doi.org/10.1038/d41586-024-02630-z
3. Murf AI. (2024). Crafting ChatGPT Prompts: A Guide to Precision and Impact. https://murf.ai/crafting-chatgpt-prompts-guide/

1번 논문을 찾아서 프롬프트 성능 향상을 위한 26가지 원리를 ChatGPT로 정리해 봅시다.

2, 3번의 논문 자료를 찾아 프롬프트 작성 원리를 ChatGPT로 정리해 봅시다.

2 학술논문 ChatGPT 활용하기

하나의 문서를 AI 서비스에게 보내면 내용을 요약, 정리, 시각화 등 다양한 형태로 서비스받을 수 있다. ChatGPT를 활용할 때 짧은 시간에 사용자가 원하는 결과를 얻기 위해서는 해당 서비스의 명령어(프롬프트) 작성 원리에 맞춰서 제시하면 좋다. 예를 들면, 역할을 부여하기, 구체적인 질문하기, 명확한 문맥 제시하기, 예시를 주기, 비교해서 제시하기, 단계별로 제시하기 등이 있다. 여기서는 ChatGPT에게 직접 물어보고 어떤 결과가 나오는지 살펴보자.

- 미션: 제시된 논문(PDF 파일)을 활용해서 논문에서 사용된 핵심 이론명, 주요 이론가(연도), 핵심 내용 등을 표 형태로 정리해 보시오.

- 조건: ChatGPT(wrtn이나 Copilot)와 Gemini, CLOVA X를 충분히 활용해 보고 각 AI 서비스별 결과 제시 및 비교해 보시오. 질문 작성 시 명령어(프롬프트) 작성 원리를 적용해 보고 구체적인 작성 원리는 AI 서비스별로 물어봐서 적용해 보시오.

- 결과물 (일부) 예시

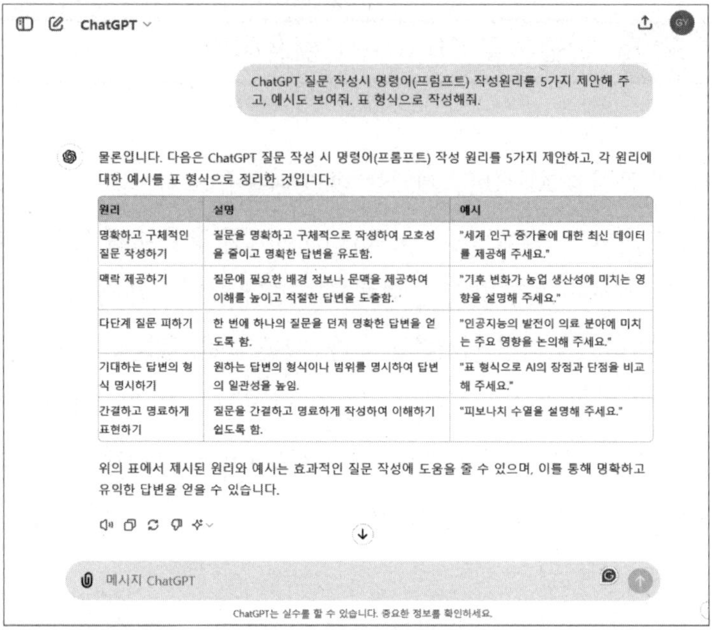

ChatGPT

ChatGPT 질문 작성시 명령어(프럼프트) 작성원리를 5가지 제안해 주고, 예시도 보여줘. 표 형식으로 작성해줘.

물론입니다. 다음은 ChatGPT 질문 작성 시 명령어(프롬프트) 작성 원리를 5가지 제안하고, 각 원리에 대한 예시를 표 형식으로 정리한 것입니다.

원리	설명	예시
명확하고 구체적인 질문 작성하기	질문을 명확하고 구체적으로 작성하여 모호성을 줄이고 명확한 답변을 유도함.	"세계 인구 증가율에 대한 최신 데이터를 제공해 주세요."
맥락 제공하기	질문에 필요한 배경 정보나 문맥을 제공하여 이해를 높이고 적절한 답변을 도출함.	"기후 변화가 농업 생산성에 미치는 영향을 설명해 주세요."
다단계 질문 피하기	한 번에 하나의 질문을 던져 명확한 답변을 얻도록 함.	"인공지능의 발전이 의료 분야에 미치는 주요 영향을 논의해 주세요."
기대하는 답변의 형식 명시하기	원하는 답변의 형식이나 범위를 명시하여 답변의 일관성을 높임.	"표 형식으로 AI의 장점과 단점을 비교해 주세요."
간결하고 명료하게 표현하기	질문을 간결하고 명료하게 작성하여 이해하기 쉽도록 함.	"피보나치 수열을 설명해 주세요."

위의 표에서 제시된 원리와 예시는 효과적인 질문 작성에 도움을 줄 수 있으며, 이를 통해 명확하고 유익한 답변을 얻을 수 있습니다.

메시지 ChatGPT

ChatGPT는 실수를 할 수 있습니다. 중요한 정보를 확인하세요.

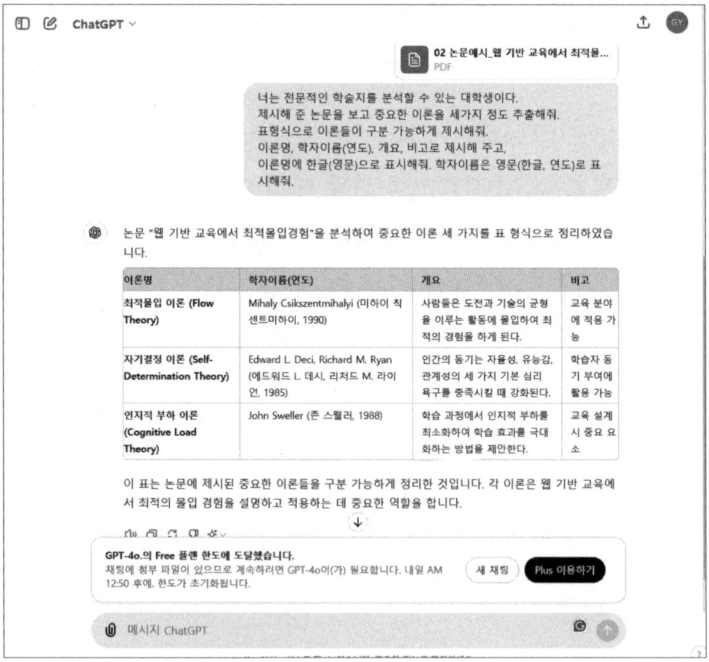

ChatGPT

02 논문예시_웹 기반 교육에서 최적몰...
PDF

너는 전문적인 학술지를 분석할 수 있는 대학생이다.
제시해 준 논문을 보고 중요한 이론을 세가지 정도 추출해줘.
표형식으로 이론들이 구분 가능하게 제시해줘.
이론명, 학자이름(연도), 개요, 비고로 제시해 주고,
이론명에 한글(영문)으로 표시해줘. 학자이름은 영문(한글, 연도)로 표시해줘.

논문 "웹 기반 교육에서 최적몰입경험"을 분석하여 중요한 이론 세 가지를 표 형식으로 정리하였습니다.

이론명	학자이름(연도)	개요	비고
최적몰입 이론 (Flow Theory)	Mihaly Csikszentmihalyi (미하이 칙센트미하이, 1990)	사람들은 도전과 기술의 균형을 이루는 활동에 몰입하여 최적의 경험을 하게 된다.	교육 분야에 적용 가능
자기결정 이론 (Self-Determination Theory)	Edward L. Deci, Richard M. Ryan (에드워드 L. 데시, 리처드 M. 라이언, 1985)	인간의 동기는 자율성, 유능감, 관계성의 세 가지 기본 심리 욕구를 충족시킬 때 강화된다.	학습자 동기 부여에 활용 가능
인지적 부하 이론 (Cognitive Load Theory)	John Sweller (존 스웰러, 1988)	학습 과정에서 인지적 부하를 최소화하여 학습 효과를 극대화하는 방법을 제안한다.	교육 설계 시 중요 요소

이 표는 논문에 제시된 중요한 이론들을 구분 가능하게 정리한 것입니다. 각 이론은 웹 기반 교육에서 최적의 몰입 경험을 설명하고 적용하는 데 중요한 역할을 합니다.

GPT-4o의 Free 플랜 한도에 도달했습니다.
채팅에 첨부 파일이 있으므로 계속하려면 GPT-4o이(가) 필요합니다. 내일 AM 12:50 후에, 한도가 초기화됩니다.

새 채팅 Plus 이용하기

메시지 ChatGPT

이 절에서는 여러 가지 문서에서 정보를 끌어내 보는 사례를 연습해 보자. 문서는 논문이 될 수도 있고, 책이 될 수도 있으며, 다양한 형태의 고문서 등이 될 수도 있다. 이 중 쉽게 검색이 가능한 학술논문에 AI 도구(ChatGPT)를 활용해 보자. 학술논문 중 「웹 기반 교육에서 최적몰입경험」과 관련된 학술논문을 PDF로 다운로드해 보자. 이는 학교 도서관 홈페이지에 로그인을 해서 논문명을 검색해 보면 쉽게 다운로드할 수 있다.

실행순서

❶ PDF 문서를 찾아 다운로드하기

도서관 홈페이지에서 「웹 기반 교육에서 최적몰입경험」을 검색해서 다운로드한다.

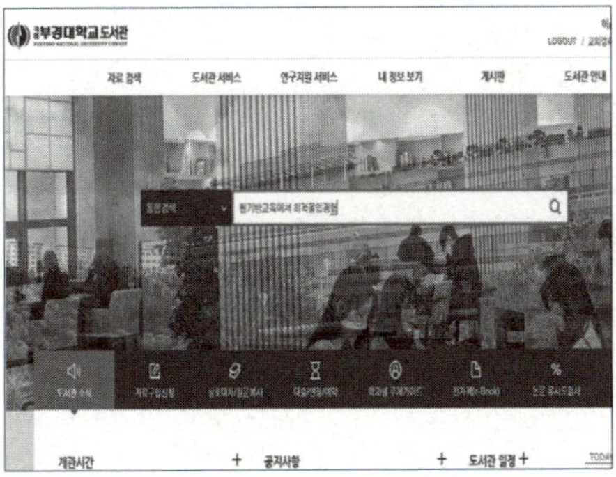

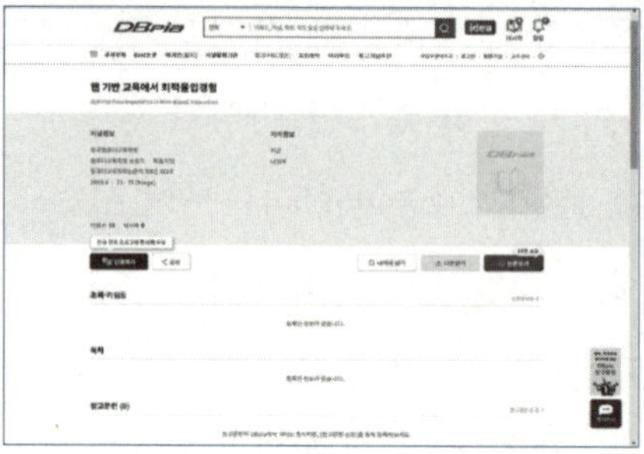

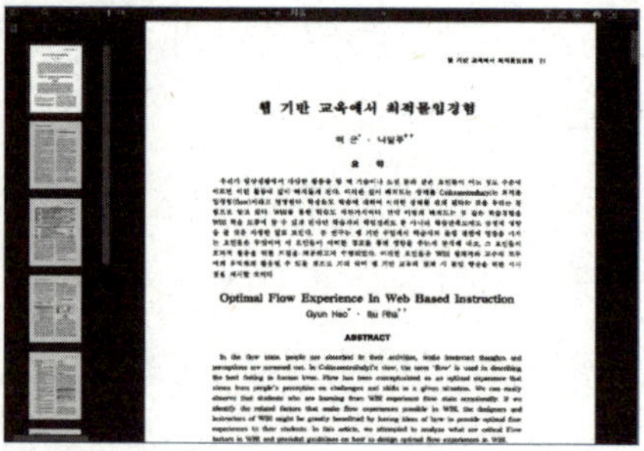

묻고자 하는 질문과 관련된 데이터, 문서, 웹사이트 주소 등 관련된 정보가 있다면 사전에 준비한다.

❷ ChatGPT에 논문 파일(PDF)을 첨부해 보고 질문 작성하기

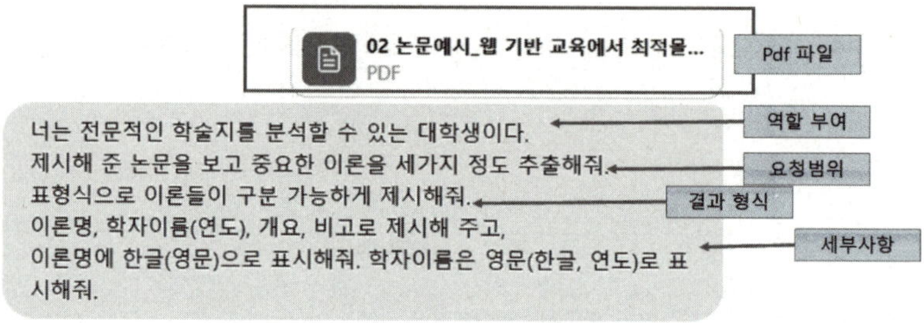

프롬프트 작성 방법은 따로 물어서 AI 서비스 유형(ChatGPT, Gemini, CLOVA X 등)에 따라 어떻게 하면 본인에게 맞는 좋은 결과가 나오는지 여러 번의 경험이 필요하다.

❸ ChatGPT 결과 보기

원하는 결과 형태나 내용이 맞는지 확인한다. 필요하다면 다시 요청한다(피드백).

논문 "웹 기반 교육에서 최적몰입경험"을 분석하여 중요한 이론 세 가지를 표 형식으로 정리하였습니다.

이론명	학자이름(연도)	개요	비고
최적몰입 이론 (Flow Theory)	Mihaly Csikszentmihalyi (미하이 칙센트미하이, 1990)	사람들은 도전과 기술의 균형을 이루는 활동에 몰입하여 최적의 경험을 하게 된다.	교육 분야에 적용 가능
자기결정 이론 (Self-Determination Theory)	Edward L. Deci, Richard M. Ryan (에드워드 L. 데시, 리처드 M. 라이언, 1985)	인간의 동기는 자율성, 유능감, 관계성의 세 가지 기본 심리 욕구를 충족시킬 때 강화된다.	학습자 동기 부여에 활용 가능
인지적 부하 이론 (Cognitive Load Theory)	John Sweller (존 스웰러, 1988)	학습 과정에서 인지적 부하를 최소화하여 학습 효과를 극대화하는 방법을 제안한다.	교육 설계 시 중요 요소

이 표는 논문에 제시된 중요한 이론들을 구분 가능하게 정리한 것입니다. 각 이론은 웹 기반 교육에서 최적의 몰입 경험을 설명하고 적용하는 데 중요한 역할을 합니다.

❹ wrtn을 이용해 동일 질문을 해 보기

wrtn을 이용하면 ChatGPT의 유료로 된 일부 서비스를 무료로 이용할 수 있다.

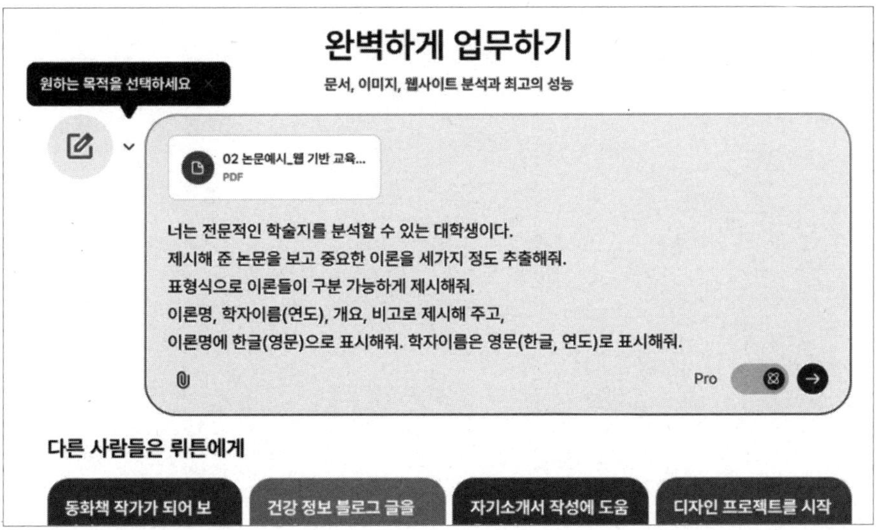

❺ wrtn의 결과 보기

답변

분석 과정

중요한 이론 요약

아래는 주어진 논문에서 추출한 세 가지 중요한 이론입니다. 각 이론에 대한 세부사항을 표로 정리했습니다.

이론명(영문)	학자 이름(한글, 연도)	개요	비고
최적 몰입 경험 (Optimal Experience)	Csikszentmihalyi (치크센트미하이, 1990)	몰입의 상태에서 개인이 완전한 집중과 즐거움을 느끼는 경험으로 정의됩니다. 이는 학습 및 교육 과정에서 효율성과 성취감을 높이는 데 중요한 역할을 합니다.	교육적 맥락에서 가치가 큼
자기 결정 이론 (Self-Determination Theory)	Deci & Ryan (데시 & 라이언, 1985)	개인이 자신의 행동을 자율적으로 조절할 수 있는 능력이 중요하다고 강조하며, 이는 학습 동기 및 지속적인 참여에 긍정적인 영향을 미칩니다.	동기 부여 기법으로 활용됨
사회적 학습 이론 (Social Learning Theory)	Bandura (반두라, 1977)	행동의 학습은 개인의 경험뿐만 아니라 주변 환경과 사회적 상호작용에 의해 영향을 받는다는 이론으로, 교육에서 협력 학습의 필요성을 뒷받침합니다.	그룹 활동 활성화에 기여

이 표는 논문에서 언급된 이론들을 요약한 것입니다. 더 궁금한 점이나 다른 정보를 원하신다면 언제든지 질문해 주세요! 😊

❻ (기타) 글을 쓰는 현재 Copilot, Gemini, CLOVA X의 무료 버전에서는 PDF를 넣는 기능이 없음

ChatGPT

ChatGPT 질문 작성시 명령어(프럼프트) 작성원리를 5가지 제안해 주고, 예시도 보여줘. 표 형식으로 작성해줘.

물론입니다. 다음은 ChatGPT 질문 작성 시 명령어(프롬프트) 작성 원리를 5가지 제안하고, 각 원리에 대한 예시를 표 형식으로 정리한 것입니다.

원리	설명	예시
명확하고 구체적인 질문 작성하기	질문을 명확하고 구체적으로 작성하여 모호성을 줄이고 명확한 답변을 유도함.	"세계 인구 증가율에 대한 최신 데이터를 제공해 주세요."
맥락 제공하기	질문에 필요한 배경 정보나 문맥을 제공하여 이해를 높이고 적절한 답변을 도출함.	"기후 변화가 농업 생산성에 미치는 영향을 설명해 주세요."
다단계 질문 피하기	한 번에 하나의 질문을 던져 명확한 답변을 얻도록 함.	"인공지능의 발전이 의료 분야에 미치는 주요 영향을 논의해 주세요."
기대하는 답변의 형식 명시하기	원하는 답변의 형식이나 범위를 명시하여 답변의 일관성을 높임.	"표 형식으로 AI의 장점과 단점을 비교해 주세요."
간결하고 명료하게 표현하기	질문을 간결하고 명료하게 작성하여 이해하기 쉽도록 함.	"피보나치 수열을 설명해 주세요."

위의 표에서 제시된 원리와 예시는 효과적인 질문 작성에 도움을 줄 수 있으며, 이를 통해 명확하고 유익한 답변을 얻을 수 있습니다.

메시지 ChatGPT

ChatGPT는 실수를 할 수 있습니다. 중요한 정보를 확인하세요.

ChatGPT

02 논문예시_웹 기반 교육에서 최적몰...
PDF

너는 전문적인 학술지를 분석할 수 있는 대학생이다.
제시해 준 논문을 보고 중요한 이론을 세가지 정도 추출해줘.
표형식으로 이론들이 구분 가능하게 제시해줘.
이론명, 학자이름(연도), 개요, 비고로 제시해 주고,
이론명에 한글(영문)으로 표시해줘. 학자이름은 영문(한글, 연도)로 표시해줘.

논문 "웹 기반 교육에서 최적몰입경험"을 분석하여 중요한 이론 세 가지를 표 형식으로 정리하였습니다.

이론명	학자이름(연도)	개요	비고
최적몰입 이론 (Flow Theory)	Mihaly Csikszentmihalyi (미하이 칙센트미하이, 1990)	사람들은 도전과 기술의 균형을 이루는 활동에 몰입하여 최적의 경험을 하게 된다.	교육 분야에 적용 가능
자기결정 이론 (Self-Determination Theory)	Edward L. Deci, Richard M. Ryan (에드워드 L. 데시, 리처드 M. 라이언, 1985)	인간의 동기는 자율성, 유능감, 관계성의 세 가지 기본 심리 욕구를 충족시킬 때 강화된다.	학습자 동기 부여에 활용 가능
인지적 부하 이론 (Cognitive Load Theory)	John Sweller (존 스웰러, 1988)	학습 과정에서 인지적 부하를 최소화하여 학습 효과를 극대화하는 방법을 제안한다.	교육 설계 시 중요 요소

이 표는 논문에 제시된 중요한 이론들을 구분 가능하게 정리한 것입니다. 각 이론은 웹 기반 교육에서 최적의 몰입 경험을 설명하고 적용하는 데 중요한 역할을 합니다.

GPT-4o.의 Free 플랜 한도에 도달했습니다.
채팅에 첨부 파일이 있으므로 계속하려면 GPT-4o이(가) 필요합니다. 내일 AM 12:50 후에, 한도가 초기화됩니다.

새 채팅 Plus 이용하기

메시지 ChatGPT

ChatGPT는 실수를 할 수 있습니다. 중요한 정보를 확인하세요.

제2장 요약

ChatGPT에게 프롬프트 작성 원리 물어보기

– ChatGPT와의 대화를 통해 프롬프트 작성 원리를 물어보고 다양한 상황에 활용하기

ChatGPT한테 질문할 때 어떠한 원칙(프롬프트 작성 기본원칙)으로 해야 하는지 알려줘. 결과는 표형태로 제시해줘

답변

아래는 ChatGPT에게 질문할 때 유용한 프롬프트 작성 원칙을 표 형태로 정리한 것입니다.

원칙	설명
명확성	질문을 명확하게 작성하여 원하는 정보를 정확하게 전달하기.
구체성	세부적인 내용을 포함하여 원하는 답변의 범위를 좁히기.
맥락 제공	필요한 경우 배경 정보를 제공하여 질문의 맥락을 이해하도록 하기.
목적 설명	질문의 목적이나 원하는 결과를 설명하여 관련성 높은 답변을 얻기.
개방형 질문	"예" 또는 "아니오"로 답할 수 없는 질문을 통해 더욱 풍부한 정보 얻기.

이 원칙들을 잘 활용하면 더 효과적인 질문을 할 수 있습니다.

ChatGPT를 활용하여 학술논문 정리하기

– ChatGPT를 활용해서 학술논문을 준 뒤 프롬프트 작성 원리를 활용하여 정리하기

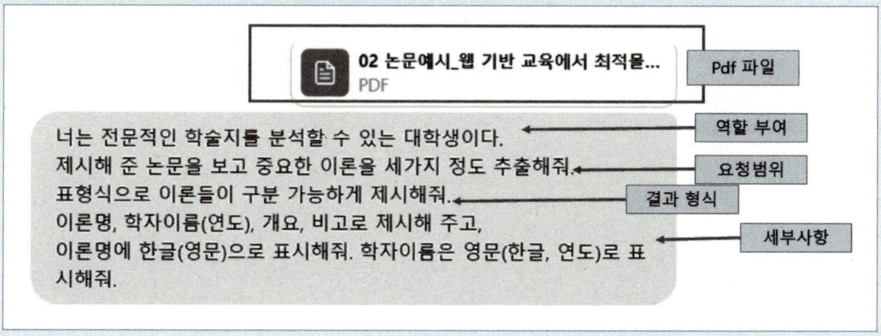

제2장 연습문제

1. ChatGPT에게 물어서 프롬프트 작성 원리를 정리하고, 일반적인 질문을 좋은 질문 형태로 바꾸는 문제를 해결해 보시오.

2. 1번의 내용을 CLOVA X에게 물어보고 결과를 비교해 보시오.

3. 제1장에서 자신이 궁금했던 질문이나 주제를 프롬프트 작성 원리에 따라 질문을 재구성해 보시오.

MEMO

제3장 PDF 학술문서 AI 활용하기

1. ChatPDF 활용하기
2. SCISPACE 활용하기

1 ChatPDF 활용하기

ChatGPT 외에도 PDF 등과 같은 문서자료를 대화를 통해서 정리하거나 물어보는 다양한 AI 서비스가 있다. 이 중 앞에서 활용한 ChatGPT 작업을 PDF 문서에 특화된 서비스를 체험해 보자.

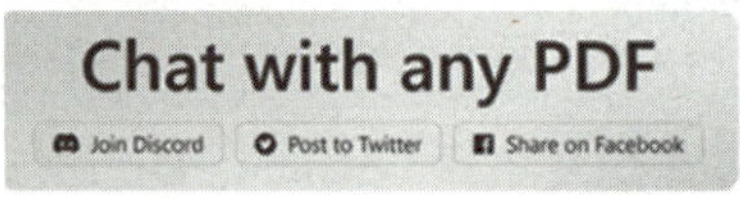

ChatPDF(https://chatPDF.com)를 체험해 볼 예정이고, 최근에서는 DBPIA와 같은 논문 원문 제공 및 검색 사이트에서도 AI 기능을 넣어 비슷한 서비스를 제공하고 있다. 또한 SCISPACE(https://scispace.com)에서도 유사한 기능을 제공하고 있다.

여기서는 ChatPDF를 활용해 보자. 학교 도서관 홈페이지를 통해 「보드게임 프로그램 효과에 대한 메타분석」과 관련된 학술논문을 PDF로 다운로드해 보자. 이는 학교 도서관 홈페이지에 로그인을 해서 논문명을 검색해 보면 쉽게 다운로드할 수 있다.

- 미션: 제시된 논문(PDF 파일)을 활용해서 논문의 주요 내용 요약, 중요한 연구 결과를 정리해 보시오.

- 조건: ChatPDF(https://chatPDF.com)를 활용해 보고 ChatGPT 등 유사 서비스와 비교한 특징, 장단점 등을 정리해 보시오.

● 결과물 예시

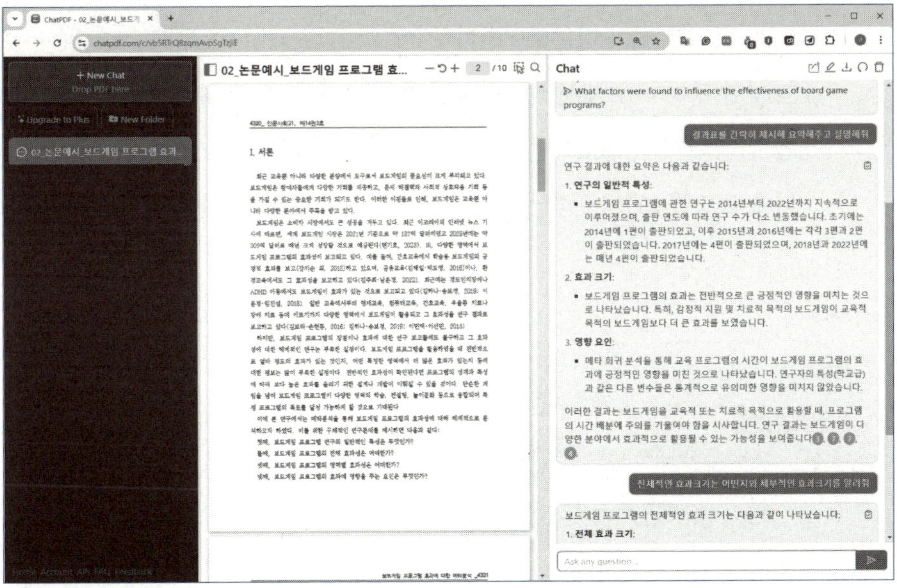

구분	ChatPDF	ChatGPT
특징	- PDF 문서와 직접 대화 가능	- 다양한 주제에 대한 대화 가능
	- 사용자가 질문이 가능	- 사용자 맞춤형 답변 제공
	- 자연어 처리 기반의 대화형 인터페이스 제공	- 온라인 및 오프라인 자료 기반 학습
장점	- PDF 내용에 대한 즉각적인 정보 제공	- 다양한 주제에 대한 심도 있는 대화 가능
	- 다양한 유형의 질문에 대한 대답 가능	- 지속적인 대화 가능
	- 사용자 친화적인 인터페이스	- 인공지능 모델의 강력한 이해력
단점	- 문서 형식에 따라 완전한 분석이 어려울 수 있음	- 구체적인 문서 내용에 대한 접근 불가
	- 복잡한 질문에 대한 한계	- 문서 기반 질문에 대한 부정확한 반응
	- 파일 크기 또는 페이지 수에 따른 제한	- 특정 주제의 깊이 있는 정보 제공이 어려울 수 있음

실행순서

❶ PDF 문서를 찾아 다운로드하기

- 도서관 홈페이지에서「보드게임 프로그램 효과에 대한 메타분석」을 검색해서 다운로드한다.
- 다운로드한 PDF는 적당한 폴더에 넣고 위치를 기억한다.

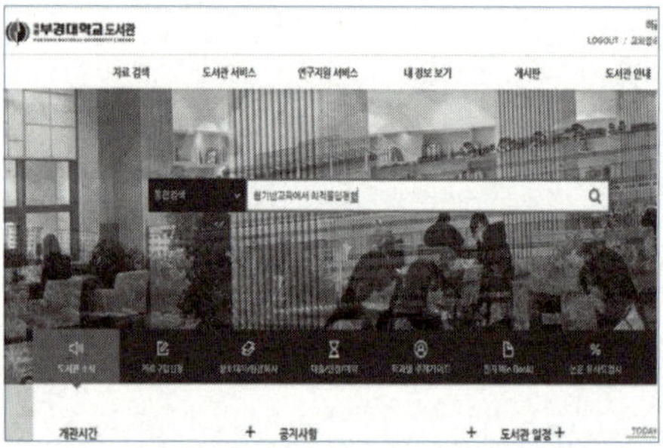

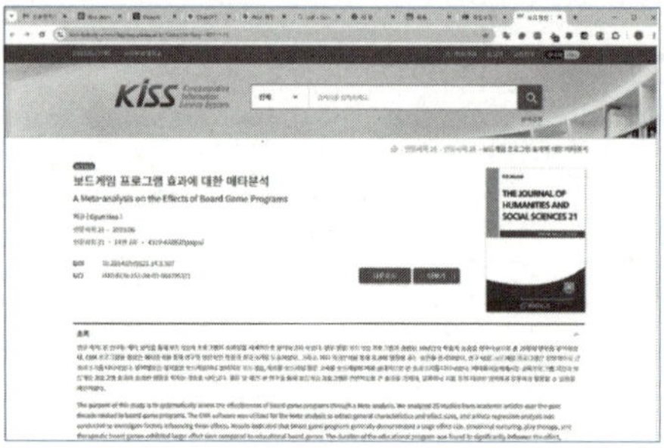

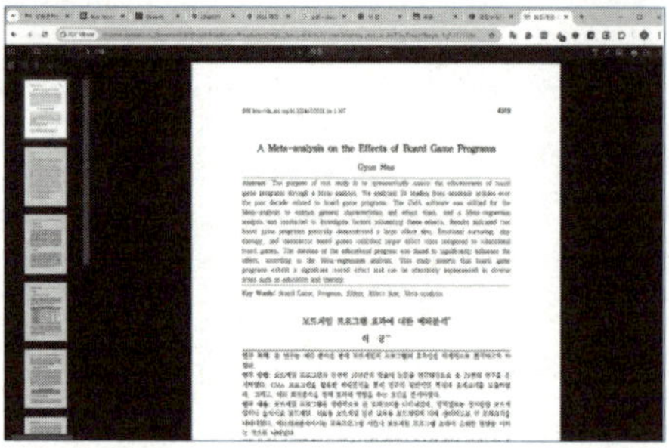

❷ ChatPDF(ChatPDF.com)에 접속하기

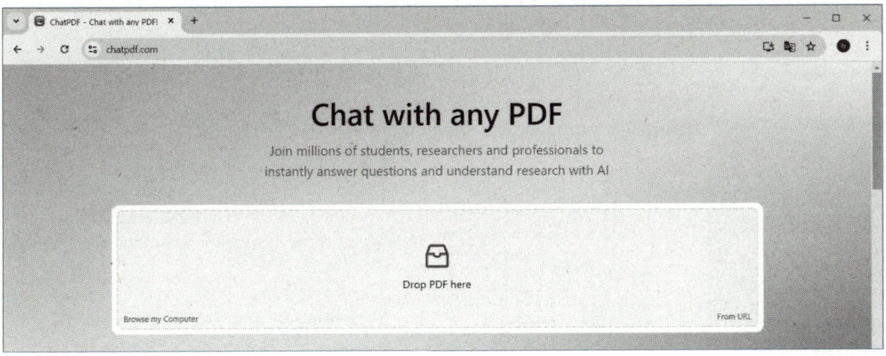

❸ 분석 논문 넣기

Drop PDF here 부분에 다운로드한 논문 PDF 파일을 끌어당겨서 놓는다.

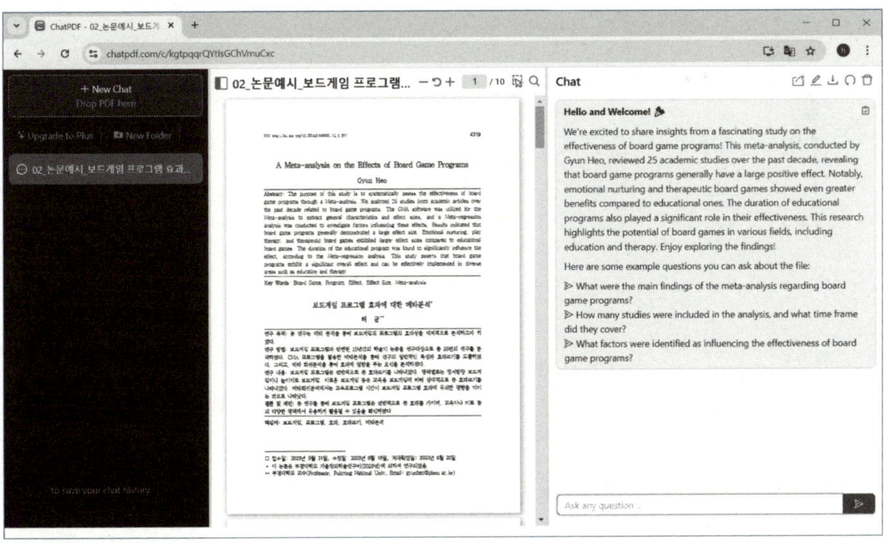

❹ ChatPDF를 이용해 질문을 해 보기

미션 내용들(예: 논문의 주요 내용 요약)에 대해 질문해 본다.

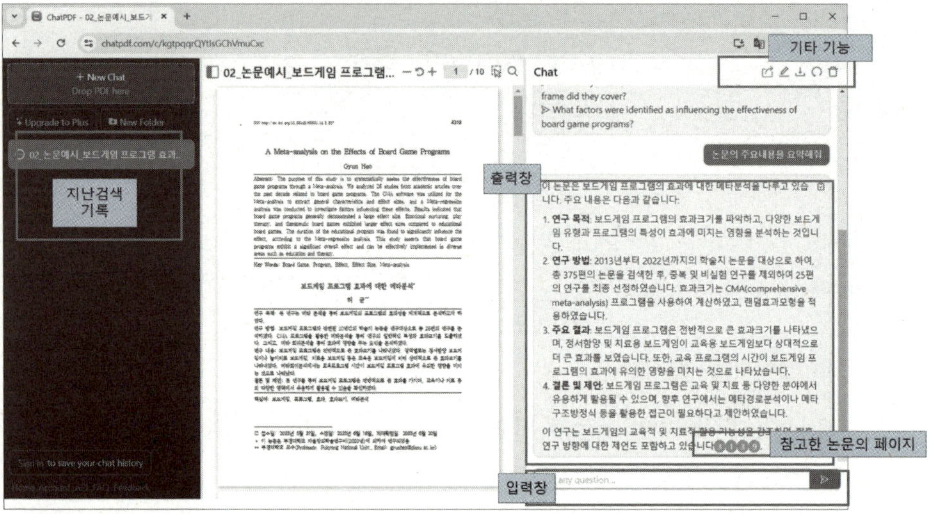

❺ wrtn을 활용해서 조건 부분의 결과 초안을 출력해 보기

ChatPDF - Chat with a...
chatpdf.com

Chat with any PDF(https://chatpdf.com)를 활용해 보고 ChatGPT 등 유사 서비스와 비교한 특징, 장단점 등을 표로 정리해줘.

답변

분석 과정

Chat with Any PDF (ChatPDF) vs. ChatGPT – 특징, 장단점 비교

서비스	특징	장점	단점
ChatPDF	- PDF 문서와 직접 대화 가능	- PDF 내용에 대한 즉각적인 정보 제공	- 문서 형식에 따라 완전한 분석이 어려울 수 있음
	- 사용자가 질문이 가능	- 다양한 유형의 질문에 대한 대답 가능	- 복잡한 질문에 대한 한계
	- 자연어 처리 기반의 대화형 인터페이스 제공	- 사용자 친화적인 인터페이스	- 파일 크기 또는 페이지 수에 따른 제한
ChatGPT	- 다양한 주제에 대한 대화 가능	- 다양한 주제에 대한 심도 있는 대화 가능	- 구체적인 문서 내용에 대한 접근 불가
	- 사용자 맞춤형 답변 제공	- 지속적인 대화 가능	- 문서 기반 질문에 대한 부정확한 반응
	- 온라인 및 오프라인 자료 기반 학습	- 인공지능 모델의 강력한 이해력	- 특정 주제의 깊이 있는 정보 제공이 어려울 수 있음

📌 결론

ChatPDF와 ChatGPT는 각각의 장단점이 있으며 사용하는 목적에 따라 선택할 수 있습니다. ChatPDF는 PDF 문서에 특화되어 있어 문서의 정확한 정보 제공이 강점인 반면, Ch PT는 보다 다양한 주제에 대한 대화가 가능하여 일반적인 대화형 AI 서비스로 적합합니다. 더욱 효율적이고 적합한 도구 선택을 위해 사용자의 필요와 요구를 고려하는 것이 좋습니

해결할 과제를 설명해 주세요

❻ 조건에 맞는 최종 결과물 만들고 다듬기

- ChatGPT는 범용적인 질문에 응답할 수 있게 만들어졌다.
- 반면, ChatPDF는 사용자가 제공한 PDF 파일의 범위 안에서 대화를 제공하고 있다.

wrtn을 사용하여 두 서비스의 차이점을 정리하면 다음의 표와 같다.

구분	ChatPDF(Chat with any PDF)	ChatGPT
특징	– PDF 문서와 직접 대화 가능	– 다양한 주제에 대한 대화 가능
	– 사용자가 질문이 가능	– 사용자 맞춤형 답변 제공
	– 자연어 처리 기반의 대화형 인터페이스 제공	– 온라인 및 오프라인 자료 기반 학습
장점	– PDF 내용에 대한 즉각적인 정보 제공	– 다양한 주제에 대한 심도 있는 대화 가능
	– 다양한 유형의 질문에 대한 대답 가능	– 지속적인 대화 가능
	– 사용자 친화적인 인터페이스	– 인공지능 모델의 강력한 이해력
단점	– 문서 형식에 따라 완전한 분석이 어려울 수 있음	– 구체적인 문서 내용에 대한 접근 불가
	– 복잡한 질문에 대한 한계	– 문서 기반 질문에 대한 부정확한 반응
	– 파일 크기 또는 페이지 수에 따른 제한	– 특정 주제의 깊이 있는 정보 제공이 어려울 수 있음

2 SCISPACE 활용하기

SCISPACE는 대학생, 대학원생, 연구자들이 연구와 학술 작업을 보다 효율적으로 수행하도록 돕는 온라인 도구이다. 이 플랫폼의 핵심 목표는 복잡한 연구 과정을 간소화하고, 자료와 데이터를 체계적으로 관리할 수 있도록 지원하는 것이다. 이를 통해 연구자들은 보다 신속하게 원하는 정보를 찾고, 분석 작업을 효율적으로 진행할 수 있다.

특히 SCISPACE의 주요 기능 중 하나는 'ChatPDF'와 유사한 문서 분석 도구이다. 사용자는 PDF 논문을 업로드하여 필요한 정보를 빠르게 검색하거나 추출할 수 있다. 이외에도 텍스트 분석, 참고문헌 관리, 팀 협업 도구 등 연구의 전 과정을 지원하는 다양한 기능을 제공한다. 이러한 기능들은 연구자들이 자료를 체계적으로 관리하고, 협업을 보다 원활하게 할 수 있도록 돕는다.

SCISPACE의 장점은 직관적인 인터페이스와 강력한 문서 분석 기능이다. 요약해 주는 기능을 비롯하여 텍스트, 수식, 표 등을 선택하면 관련 내용을 설명해 주는 기능이 있다. 대학생, 대학원생, 연구자들은 이를 통해 연구 과정의 효율성을 높일 수 있다. 반면, 특정 고급 기능은 유료로 제공될 수 있으며, 처음 사용하는 사용자들은 기능을 익히는 데 다소 시간이 필요할 수 있다. 그럼에도 불구하고 SCISPACE는 복잡한 연구 작업을 간소화하고 협업을 지원하는 데 유용한 도구로 자리 잡고 있다. 간단한 미션을 통해 사용법도 익히고 미션도 수행해 보자.

● 미션: 제시된 논문(PDF 파일)을 활용해서 논문의 주요 내용 요약, 중요한 연구 결과를 정리해 보시오.

● 조건: SCISPACE(https://scispace.com)를 활용해 보고 ChatGPT 등 유사 서비스와 비교한 특징, 장단점 등을 정리해 보시오.

● 결과물 예시

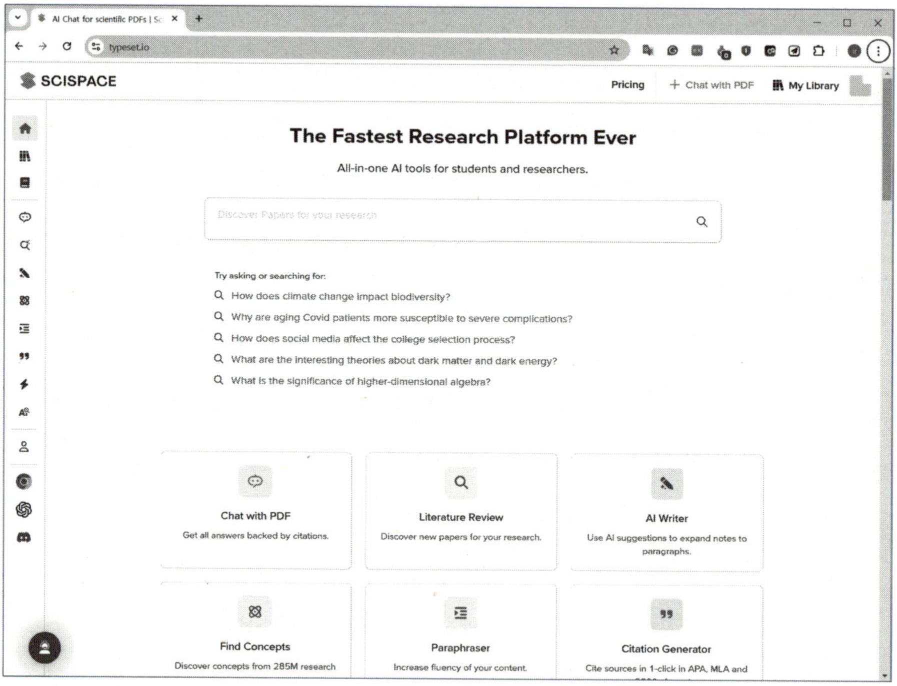

특징/장단점	SCISPACE	ChatGPT
주요 기능	연구 논문 검색 및 분석	대화형 AI, 정보 제공 및 대화
사용 목적	학술 연구 및 논문 관련 정보 제공	일반적인 질문 응답 및 대화 지원
대상 사용자	연구자, 학생, 학술 관련 종사자	일반 사용자, 기업, 학생 등
데이터 출처	과학 논문 및 학술 데이터베이스	광범위한 인터넷 데이터 및 대화 데이터
장점	– 전문적인 학술 정보 제공 – 논문 분석 도구 내장	– 사용자 친화적 인터페이스 – 다양한 주제에 대한 대화 가능
단점	– 특정 분야에 한정된 정보 제공 – 일반적인 질문에 대한 대응 부족	– 전문적인 학술 정보의 정확성 부족 – 정보의 최신성 제한 가능성
학습 방식	특정 데이터셋에 기반한 머신러닝	대규모 언어 모델 기반 학습
응답 속도	빠른 검색 결과 제공	대화형 응답 속도는 상황에 따라 다름
사용자 인터페이스	전문적인 디자인, 사용법이 다소 복잡	직관적인 대화형 인터페이스

실행순서

❶ PDF 문서를 찾아 다운로드하기

- 도서관 홈페이지에서 「보드게임 프로그램 효과에 대한 메타분석」을 검색해서 다운로드한다.
- 다운로드한 PDF는 적당한 폴더에 넣고 위치를 기억한다.

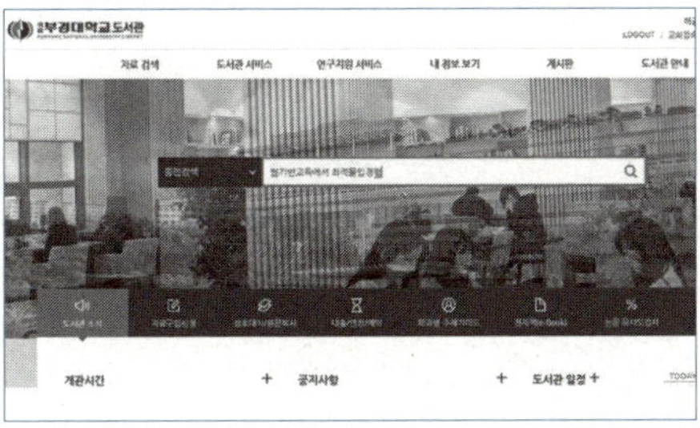

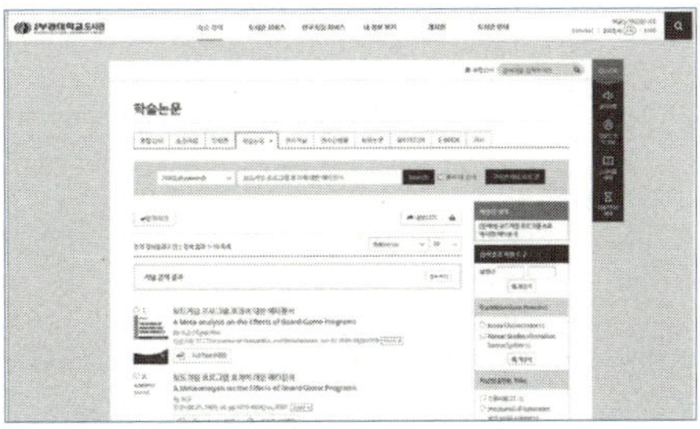

❷ SCISPACE(https://scispace.com)에 접속하기

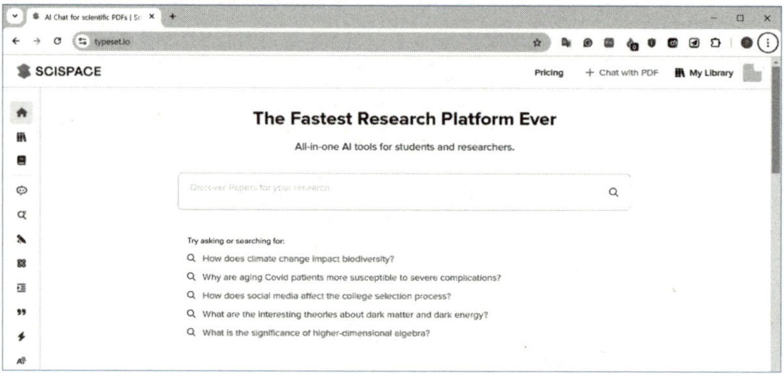

❸ 검색 논문 입력하기

검색창에 논문명을 넣으면 검색된 논문 결과와 각 연구들의 특징들을 제시해 준다.

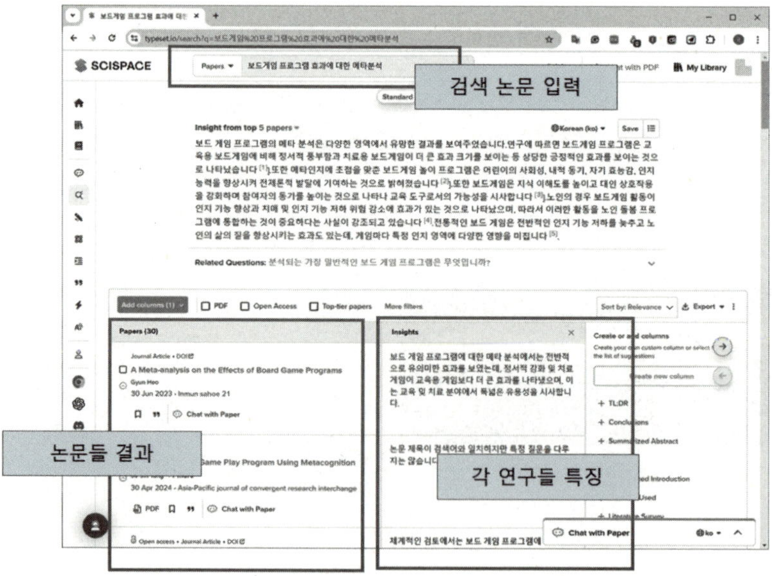

❹ ChatPDF를 클릭(직접 파일 입력) 후 여러 기능 탐색하기

- 미션 내용들(예: 논문의 주요 내용 요약)에 대해 질문해 본다.

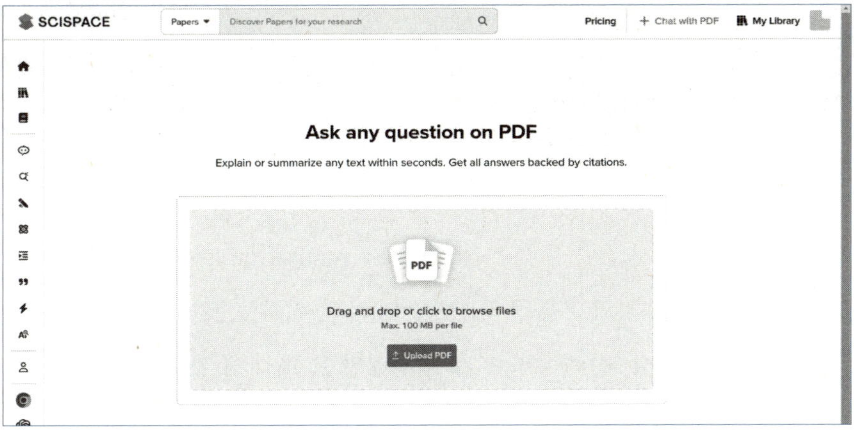

- 필요한 부분을 드래그한 후 메모를 남기거나 해당 부분만 설명을 요청할 수 있다.

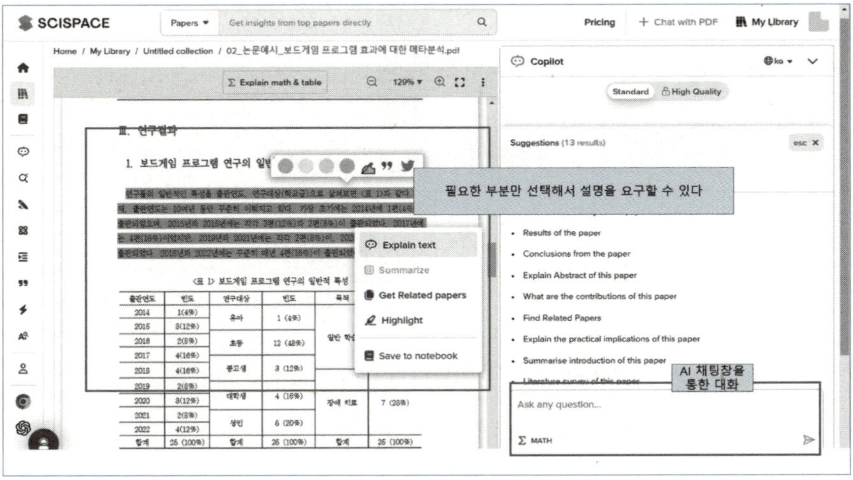

✍ 형광펜으로 표시한 부분에 대한 간단한 메모도 가능하다.

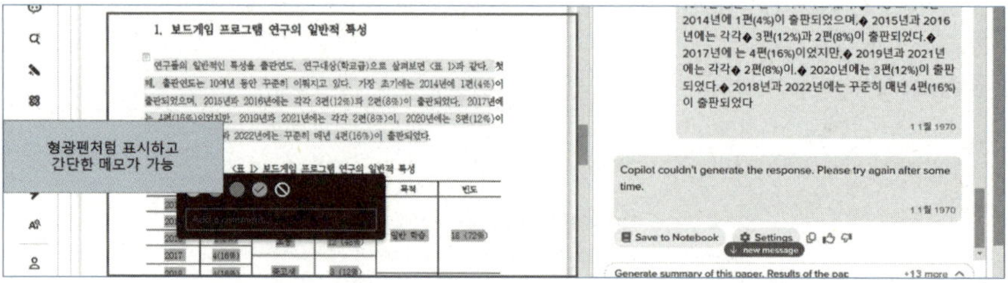

✍ 상단의 Σ(시그마) 표시로 된 'Explain math & table'을 클릭(혹은 우측 하단 대화창의 Σ를 선택해도 같음)하면 원하는 표나 식 영역을 선택할 수 있다. 선택하면 우측에서 해당 표에 대해 설명해 준다.

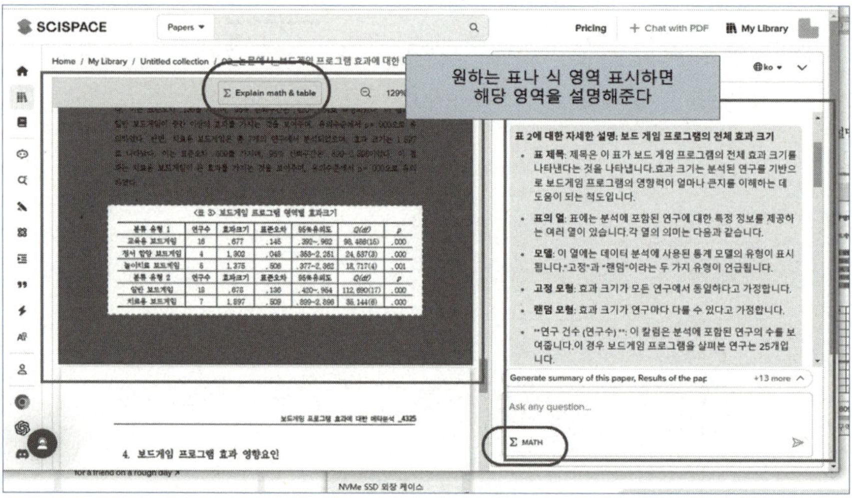

✍ 좌측에 메뉴를 클릭하면 보다 상세한 메뉴가 나타난다.

✍ 여러 가지를 한번 탐색해 본다.

✍ 왼쪽 하단에 'Use on ChatGPT'를 클릭하면 ChatGPT의 SCISPACE

로 이동한다.

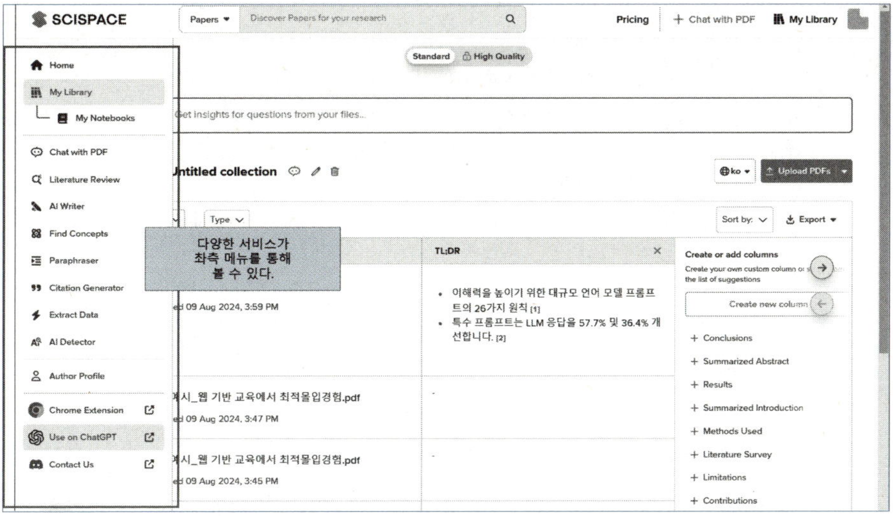

SCISPACE ChatGPT에서 미션 내용과 다운받은 파일을 함께 넣어 본다.

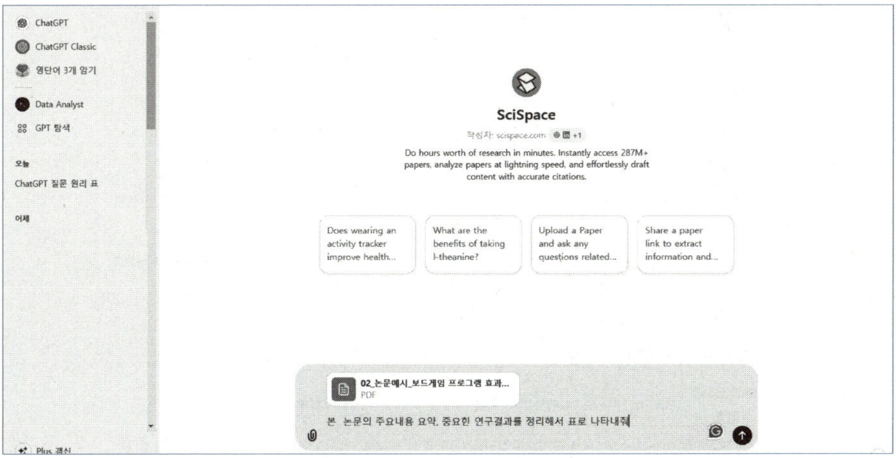

ChatGPT의 SCISPACE에서 미션 질문 내용 결과와 함께 비교해 보자.

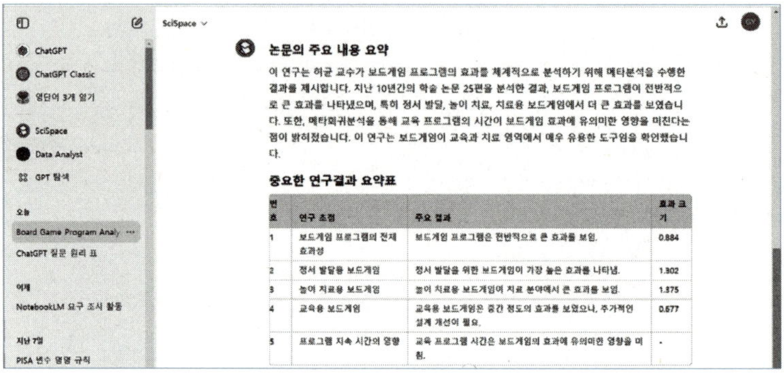

❺ wrtn을 활용해서 조건 부분의 결과 출력해 보기

wrtn을 사용하여 두 서비스의 차이점을 정리하면 다음의 표와 같다.

SCISPACE와 ChatGPT와 비교한 특징, 장단점, 특징 등을 표로 정리해줘.
표에서는 좌측에 각 특징, 장단점이 나타나게, 상단에는 서비스를 나타내.

답변

아래는 SCISPACE와 ChatGPT를 비교한 표입니다. 각 서비스의 특징과 장단점을 정리했습니다.

특징/장단점	SCISPACE	ChatGPT
주요 기능	연구 논문 검색 및 분석	대화형 AI, 정보 제공 및 대화
사용 목적	학술 연구 및 논문 관련 정보 제공	일반적인 질문 응답 및 대화 지원
대상 사용자	연구자, 학생, 학술 관련 종사자	일반 사용자, 기업, 학생 등
데이터 출처	과학 논문 및 학술 데이터베이스	광범위한 인터넷 데이터 및 대화 데이터
장점	- 전문적인 학술 정보 제공 - 논문 분석 도구 내장	- 사용자 친화적 인터페이스 - 다양한 주제에 대한 대화 가능
단점	- 특정 분야에 한정된 정보 제공 - 일반적인 질문에 대한 대응 부족	- 전문적인 학술 정보의 정확성 부족 - 정보의 최신성 제한 가능성
학습 방식	특정 데이터셋에 기반한 머신러닝	대규모 언어 모델 기반 학습
응답 속도	빠른 검색 결과 제공	대화형 응답 속도는 상황에 따라 다름
사용자 인터페이스	전문적인 디자인, 사용법이 다소 복잡	직관적인 대화형 인터페이스

이 표는 SCISPACE와 ChatGPT의 주요 특징 및 장단점을 비교하여, 각 서비스의 용도와 강점을 이해하는 데 도움이 됩니다.

• 결과물 예시

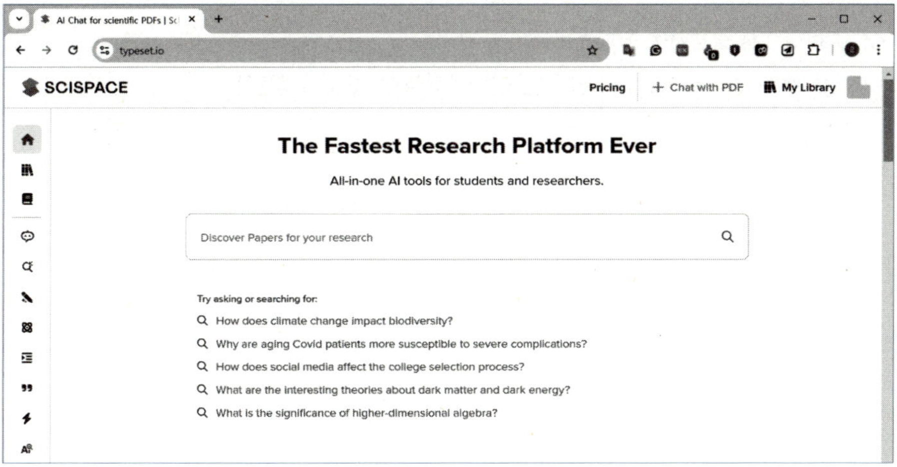
SCISPACE
Pricing
Chat with PDF
My Library
The Fastest Research Platform Ever
All-in-one AI tools for students and researchers.
Discover Papers for your research
Try asking or searching for:
How does climate change impact biodiversity?
Why are aging Covid patients more susceptible to severe complications?
How does social media affect the college selection process?
What are the interesting theories about dark matter and dark energy?
What is the significance of higher-dimensional algebra?

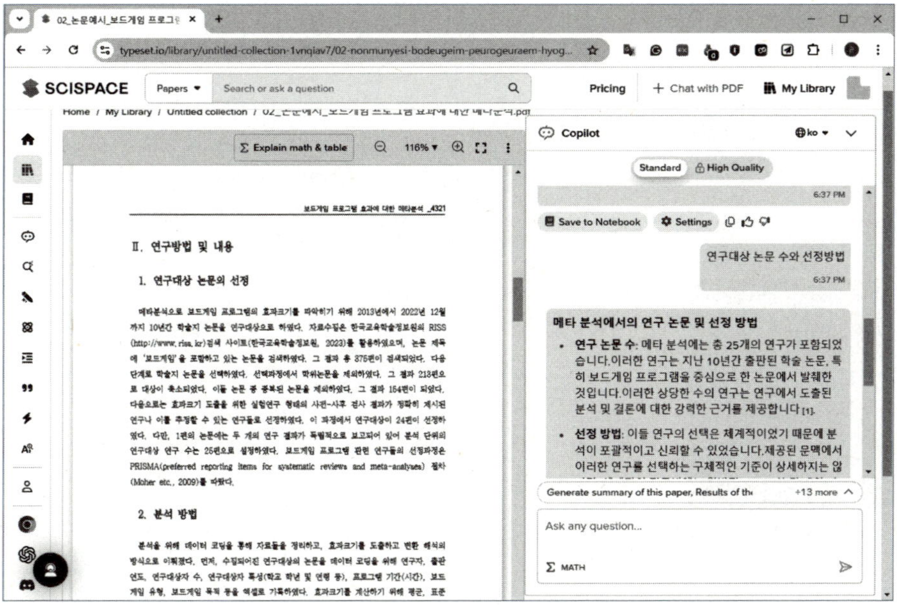
SCISPACE
Pricing
Chat with PDF
My Library
Explain math & table
Copilot
Standard
High Quality
Save to Notebook
Settings
연구대상 논문 수와 선정방법
메타 분석에서의 연구 논문 및 선정 방법
연구 논문 수: 메타 분석에는 총 25개의 연구가 포함되었습니다.이러한 연구는 지난 10년간 출판된 학술 논문, 특히 보드게임 프로그램을 중심으로 한 논문에서 발췌한 것입니다.이러한 상당한 수의 연구는 연구에서 도출된 분석 및 결론에 대한 강력한 근거를 제공합니다[1].
선정 방법: 이들 연구의 선택은 체계적이었기 때문에 분석이 포괄적이고 신뢰할 수 있었습니다.제공된 문맥에서 이러한 연구를 선택하는 구체적인 기준이 상세하지는 않
Ask any question...
II. 연구방법 및 내용
1. 연구대상 논문의 선정
2. 분석 방법

제3장 요약

ChatGPT를 활용하여 학술논문 정리하기

– ChatGPT를 활용해서 학술논문을 준 뒤 다양한 정리 작업하기

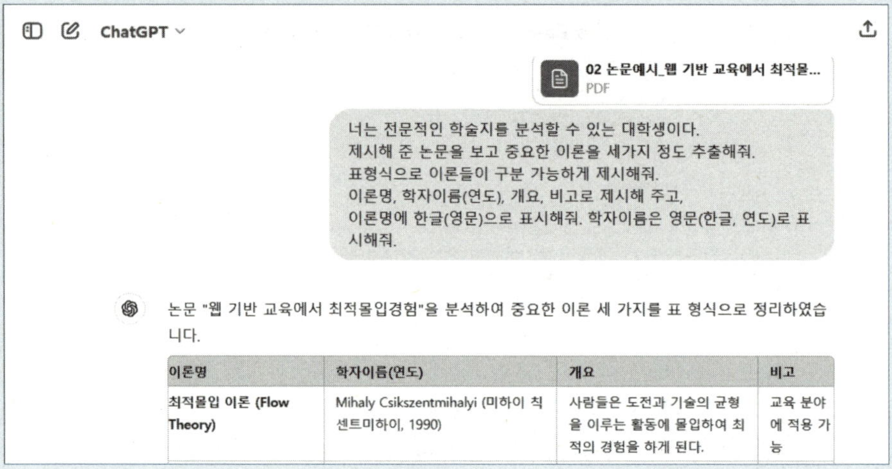

ChatPDF를 활용하여 학술논문 정리하기

– ChatPDF 서비스를 활용해서 학술논문을 준 뒤 다양한 정리 작업하기

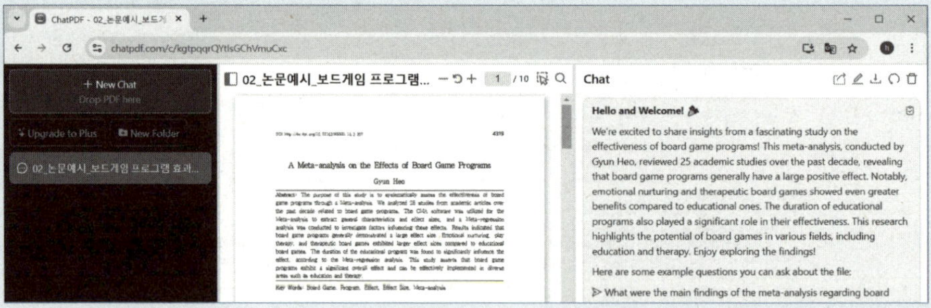

제3장 연습문제

1. 최근 학술적으로 관심 있는 주제의 논문을 학교 도서관 검색 사이트를 통해 원문을 찾아보시오.

2. 찾은 논문을 ChatGPT와 ChatPDF 등 유사한 AI 서비스를 활용하여 내용을 정리해 보시오.

MEMO

제4장 NotebookLM 활용하기

1. NotebookLM 기능 살펴보기
2. NotebookLM 활용 학술논문 분석

앞 장에서는 대학생이나 대학원생, 연구원, 교수자 등의 연구 활동에 주로 쓰는 학술논문에 특화된 학술논문 AI 서비스들을 바탕으로 활용하기를 예제를 구성하였다.

이번 장에서는 다양한 형태의 문서(Google Docs, Google Slides, PDF 파일, 텍스트 등)까지 업로드해서 이를 기반으로 요약, 질문 답변 등을 처리할 수 있는 AI 서비스들을 활용해 보자. NotebookLM은 구글에서 Gemini API를 활용하여 최고의 사고를 할 수 있게 제공하는 맞춤형 AI 도우미 서비스로, 현재 글을 쓰는 시점에서는 무료로 활용할 수 있다. 학생들이나 연구자들에게 다양한 형태의 보고서나 연구자료, 문서 등을 AI가 빠른 시간 안에 읽고 정리해 주고 분석, 요약 정보를 제공해서 문제에 대한 높은 창의적 사고를 발휘하는 데 도움을 준다. 필요하다면 질의응답을 통해서 구체적 내용 파악도 가능하다.

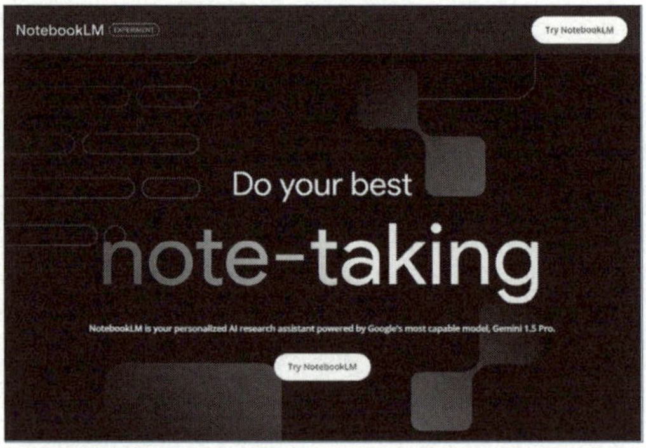

교육 및 연구 활동에서 수집할 수 있는 다양한 자료를 업로드해 보고, AI가 제공한 내용을 교육 및 연구 활동의 목적에 맞게 활용해 보자.

1 NotebookLM 기능 살펴보기

학술논문을 비롯한 다양한 학문적 작업에서 신뢰성 있는 데이터를 수집하고 분석하는 능력은 매우 중요하다. 이를 위해 최근 많은 학부학생, 대학원생, 연구자가 Google의 최첨단 AI 기술인 Gemini 기반의 NotebookLM을 활용하고 있다. NotebookLM은 사용자 친화적인 인터페이스와 강력한 기능을 통해 데이터를 체계적으로 정리하고, 논문 작성에 필요한 자료를 효과적으로 관리할 수 있도록 지원한다. 이번 활동에서는 NotebookLM의 기능을 탐색하여 학술논문 작성에 어떻게 활용할 수 있을지 구체적으로 이해하는 것을 목표로 한다.

- 미션: NotebookLM에 로그인해서 여러 기능을 살펴보시오.

- 조건:

1. NotebookLM 웹사이트(https://notebooklm.google)에 접속해 보시오.
2. 로그인해서 이동 경로를 익혀 보시오.
3. 'Introduction to NotebookLM'을 열어서 기능을 익혀 보시오.

- 결과물 예시

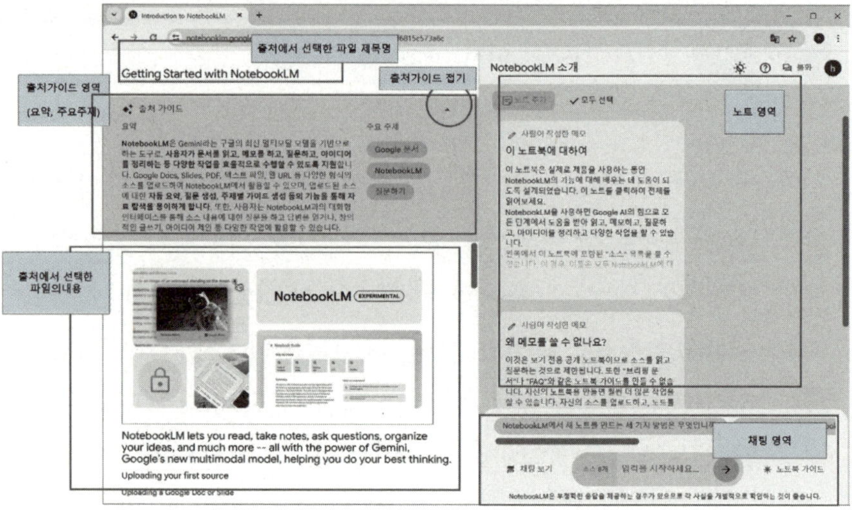

실행순서

❶ NotebookLM 웹사이트(https://notebooklm.google) 접속하기

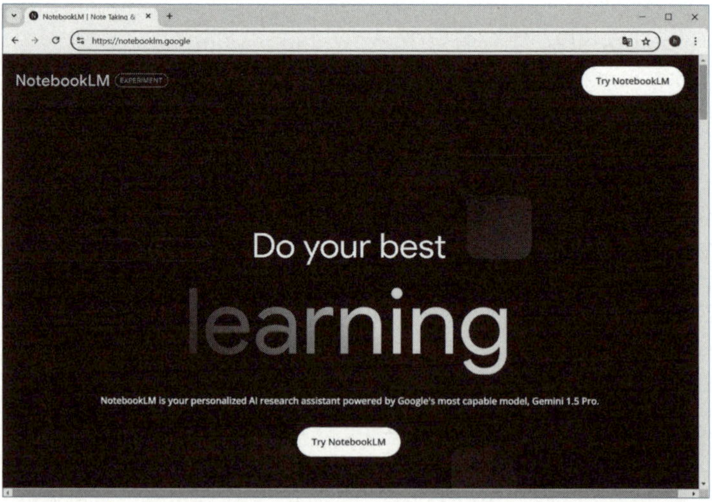

- 화면 하단의 'Try NotebookLM' 버튼을 클릭한다.
- 구글에 계정이 있으면 자동 로그인할 수 있다.
- 학교나 회사 계정일 경우, 로그인 에러 오류 메시지(개인 계정으로)가 나온다.

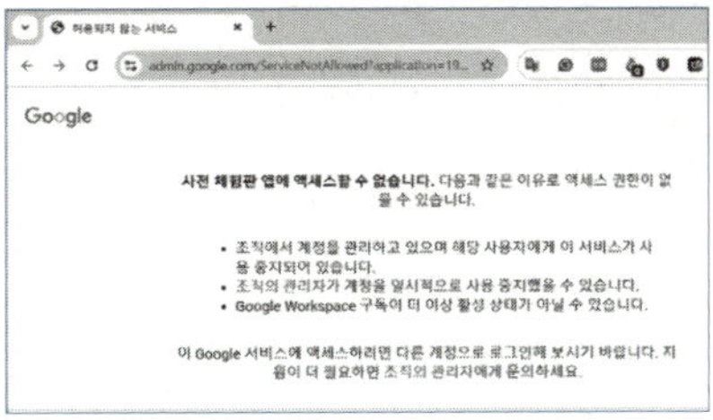

❷ 초기 화면

초기 화면이 나타나고 NotebookLM은 개인정보를 수집하지 않는다는 내용의 안내가 나온다.

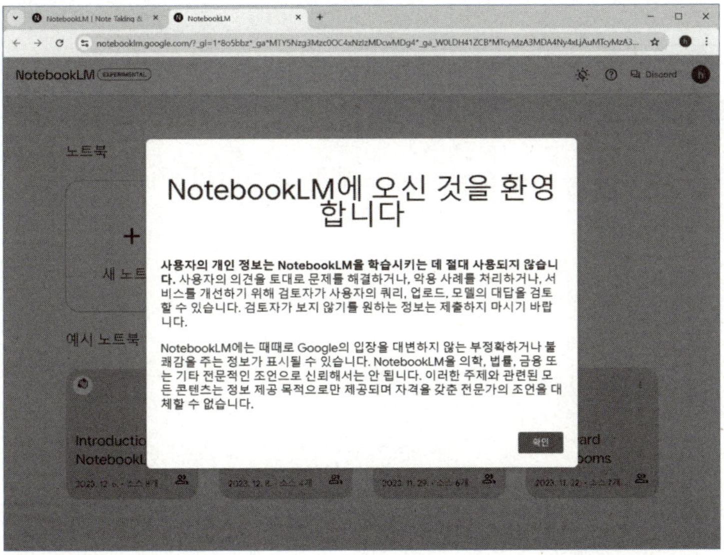

'노트북'은 NotebookLM의 프로젝트 구성방식이다. 컴퓨터에서 '폴더'와 같지만, 동시에 여러 '노트북'의 정보에 동시 접근할 수는 없다. 예시 노트북을 열어 보면 알 수 있다.

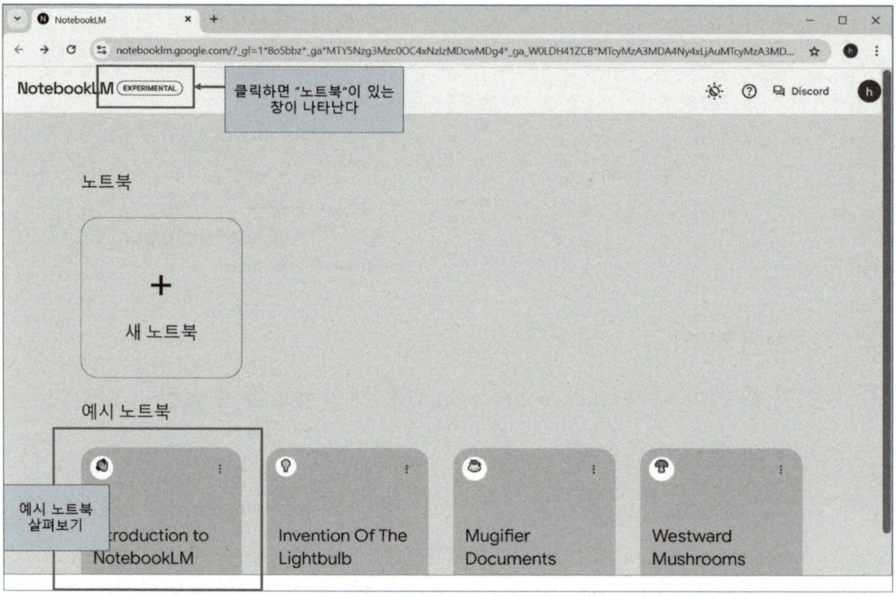

❸ Introduction to NotebookLM(NotebookLM 소개) 기능 익히기

'예시 노트북'의 'NotebookLM 소개'를 클릭하면 다음과 같은 화면이 나타난다.

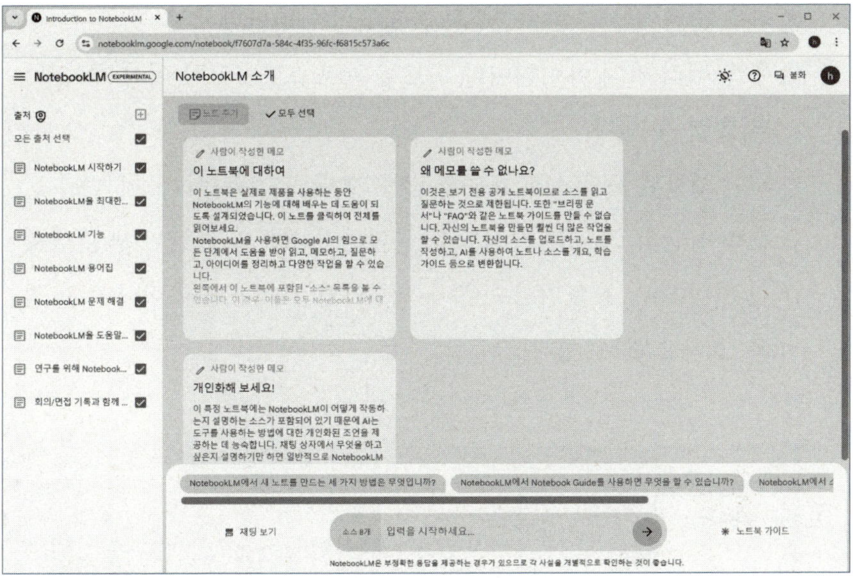

확대해서 각 기능을 살펴보면 다음과 같다.

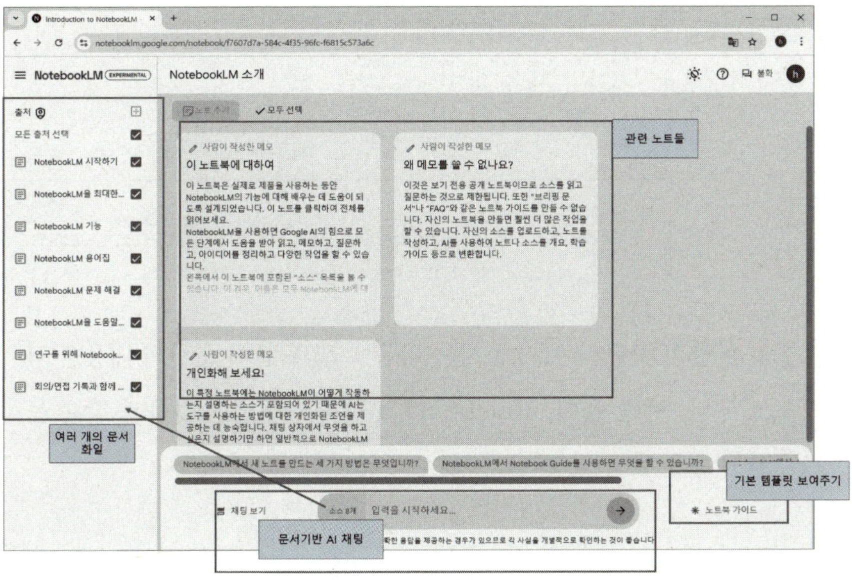

- 좌측 출처에는 자신이 연결한 파일들이 나타난다.
- 추측 여러 가지 아이디어나 노트들은 포스트잇처럼 여러 개의 '노트'로 볼 수 있다.
- 하단 제공된 문서(소스, 개수 확인)를 기반으로 채팅이 가능하다.
- 우측 하단의 '노트북 가이드'를 클릭하면 질문과 관련된 생성 템플릿 명령(FAQ, 학습 가이드, 목차, 타임라인, 브리핑 문서)이나 추천 질문, 요약을 볼 수 있다.

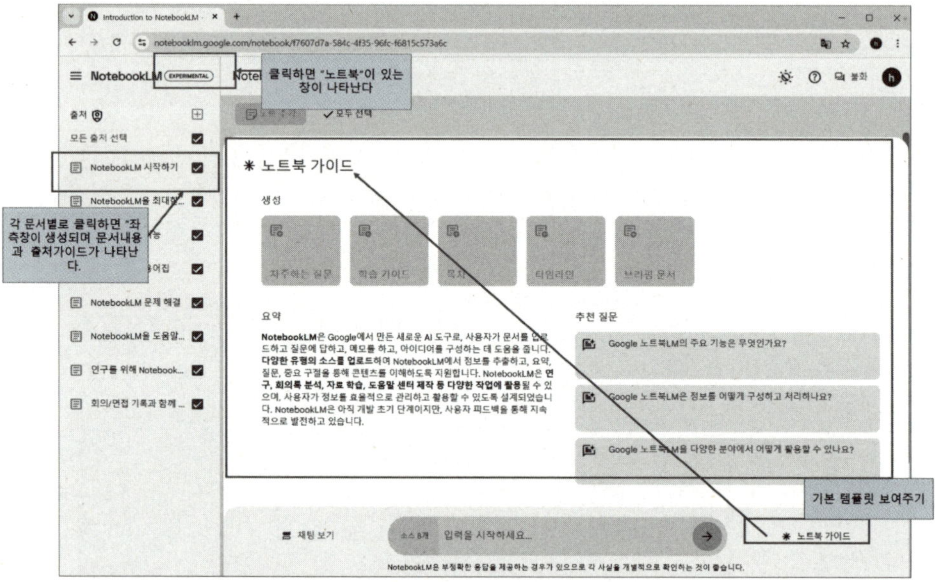

- 좌측 출처 하단의 여러 문서는 다음 그림과 같이 문서의 내용을 담고 있다. 예를 들어, 'NotebookLM 시작하기'에는 다음과 같은 문서 내용을 담고 있다.

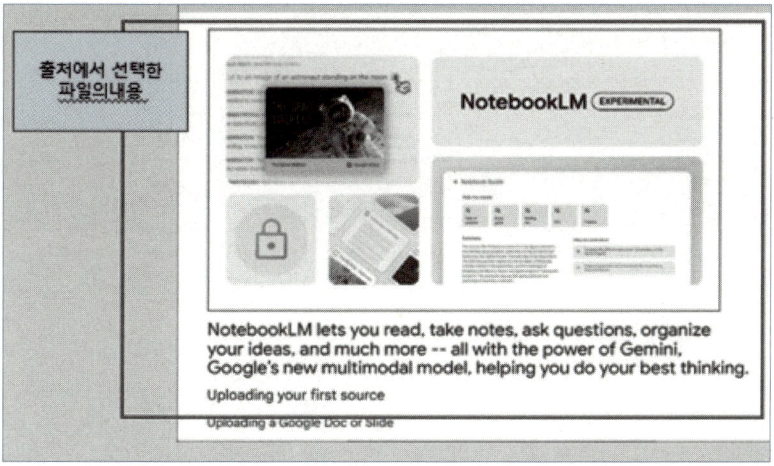

- 실제로 좌측 출처 하단의 여러 문서 중 하나를 클릭하면 아래와 같이 복잡한 창이 나타난다.
- 좌측 상단에는 선택한 파일명(제목), 좌측 제목 밑에는 '출처 가이드 영역'으로 요약, 주요 주제 등이 나타난다. 이는 오른쪽 접기가 가능하다.
- 좌측 하단에는 출처에서 선택한 파일 내용을 볼 수 있다.

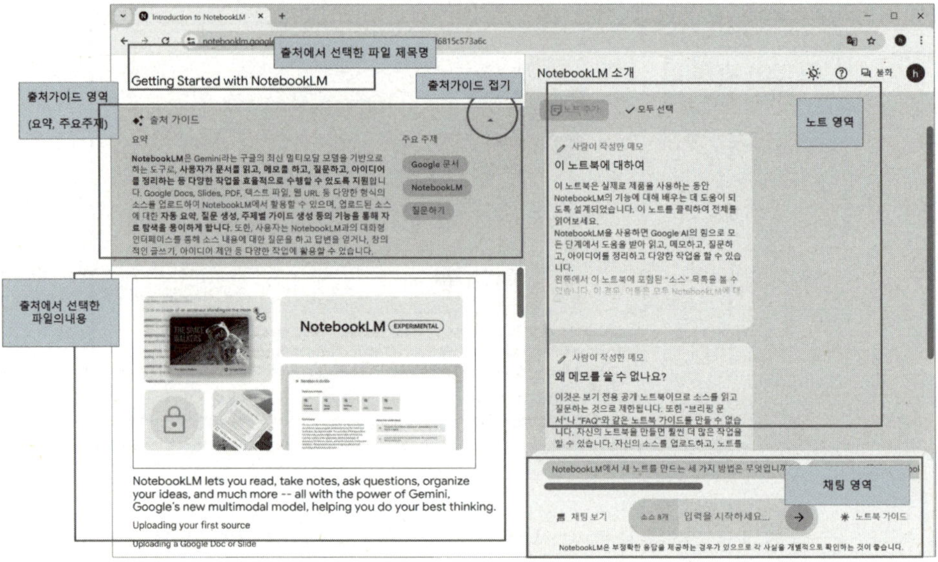

- 여기서 우측 부분은 8개의 소스(문서)들을 공동으로 작업하는 노트가 나타난다.
- 우측 하단에는 AI 채팅 영역이다. 소스를 선택하여 제한적 범위로 질문할 수 있다.

● 결과물 예시

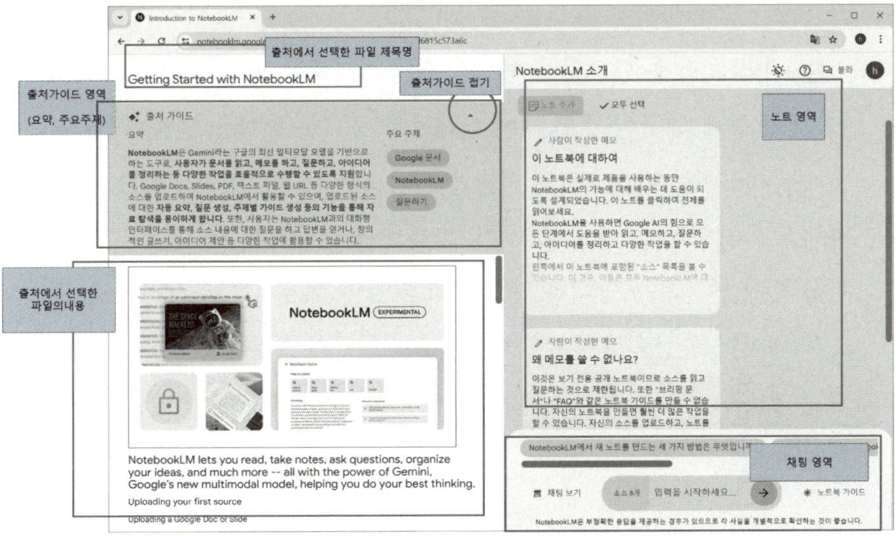

출처에서 선택한 파일 제목명
Getting Started with NotebookLM
출처가이드 접기
출처가이드 영역
(요약, 주요주제)
노트 영역
출처에서 선택한 파일의내용
NotebookLM lets you read, take notes, ask questions, organize your ideas, and much more -- all with the power of Gemini, Google's new multimodal model, helping you do your best thinking.
Uploading your first source
채팅 영역

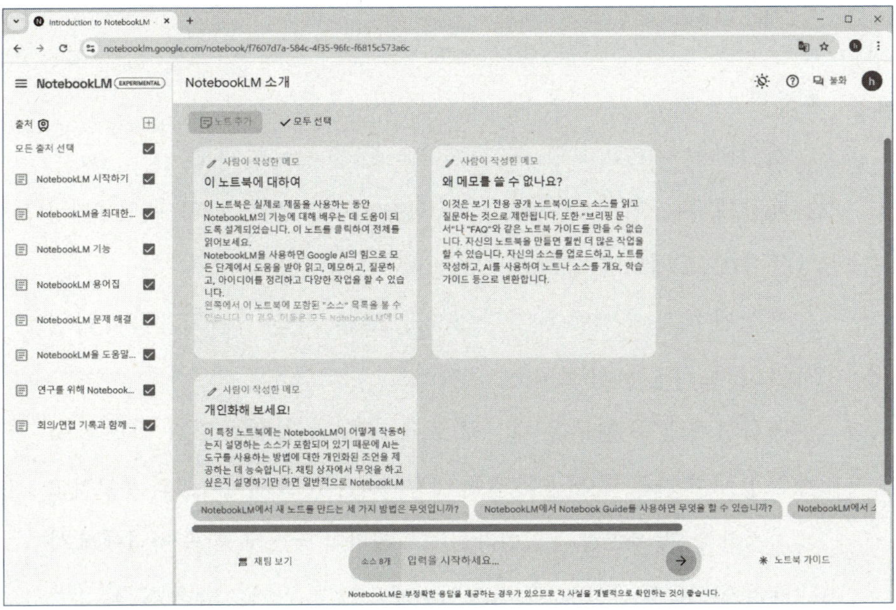

NotebookLM 소개
출처
모든 출처 선택
NotebookLM 시작하기
NotebookLM 기능
NotebookLM 용어집
NotebookLM 문제 해결
이 노트북에 대하여
왜 메모를 쓸 수 없나요?
개인화해 보세요!
채팅 보기
입력을 시작하세요...
노트북 가이드

2 NotebookLM 활용 학술논문 분석

NotebookLM을 활용하여 학술논문을 분석하는 과정은 매우 유익하며, 이를 통해 연구 주제를 깊이 이해하고 중요한 통찰을 얻을 수 있다. NotebookLM은 자연어 처리 기술을 기반으로 다양한 논문의 내용을 효과적으로 요약하고, 주요 개념 및 트렌드를 파악하는 데 도움을 준다. 이를 통해 연구자는 방대한 양의 정보를 보다 체계적으로 정리하고, 필요한 데이터를 신속하게 추출할 수 있어 연구의 효율성을 크게 향상시킬 수 있다. 이제 익힌 기능으로 NotebookLM을 활용해서 학술논문을 분석해 보자.

● 미션: 제시된 문서를 활용해서 여러 가지 아이디어를 메모해 보시오.

● 조건:

1. 제시된 문서(PDF 파일, 제2장 활용 논문)를 활용하시오.
2. 제공해 주는 템플릿(요약, FAQ, 학습 가이드, 목차, 타임라인, 브리핑 문서)으로 메모를 생성하시오.
3. 생성된 메모에 제목을 각각 '요약, FAQ, 학습 가이드, 목차, 타임라인, 브리핑 문서'로 이름 붙이시오.
4. 대화창에 공통 질문을 제시해 보고, 채팅 보기에서 결과 메모를 노트창에 추가하시오(공통 질문 내용: "너는 10살 남자아이의 부모라고 가정하자. '부루마블 게임이라는 보드게임이 있는데, 이를 자녀에게 사용하게 허락할 것인가?'에 대해 답변해 주고 그 근거도 밝혀 줘.").

5. 대화창에 궁금한 새로운 질문을 제시해 보고 채팅 보기에서 결과 메모를 노트창에 추가하시오.
6. 서비스 이용 후 장단점을 메모로 남겨 보시오.
7. 학우, 팀원이나 교수자에게 결과를 공유하시오.

● 결과물 예시

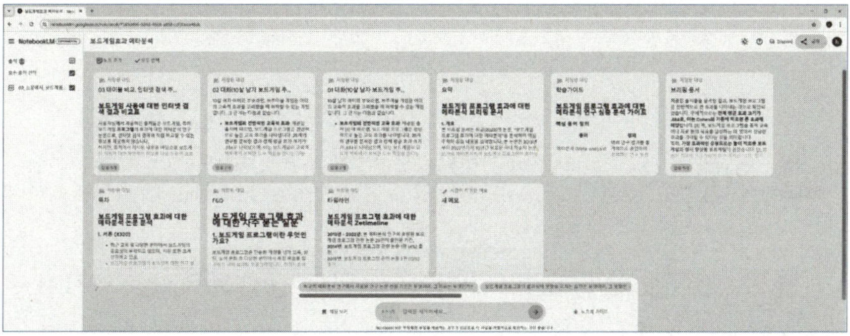

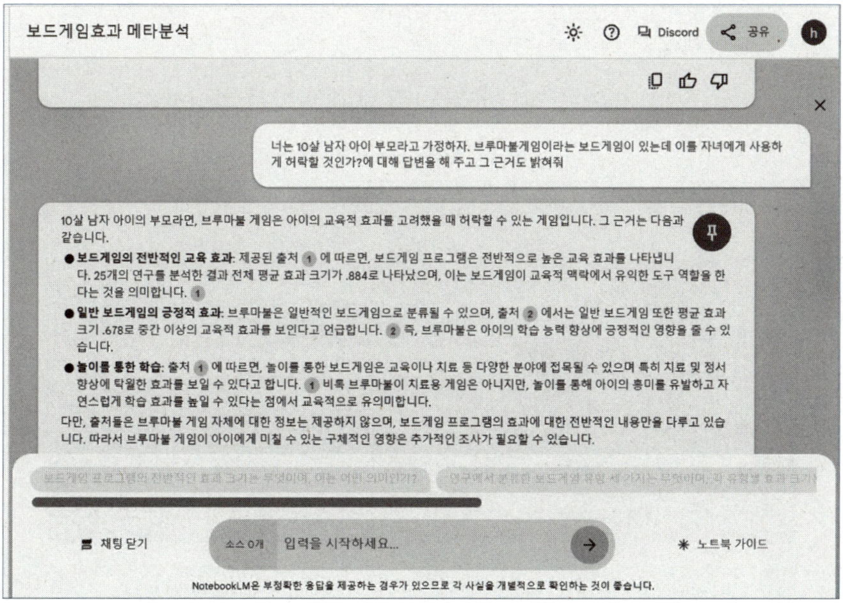

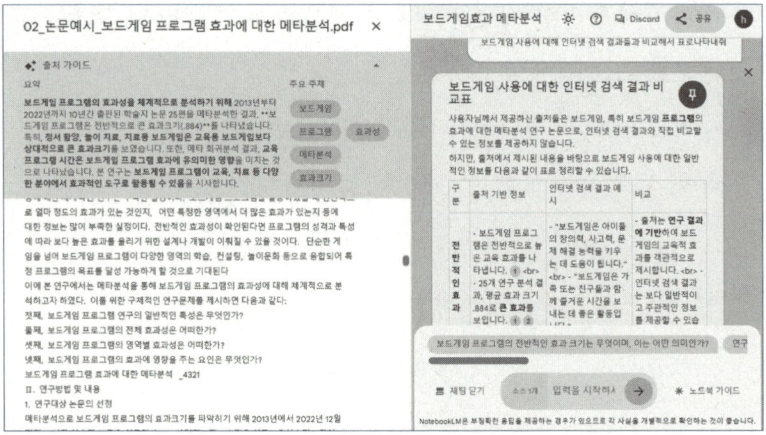

실행순서

❶ PDF 문서를 찾아 다운로드하기(제2장에서 사용한 논문 파일, 조건 1)

- 도서관 홈페이지에서 「보드게임 프로그램 효과에 대한 메타분석」을 검색해서 다운로드한다.
- 다운로드한 PDF는 적당한 폴더에 넣고 위치를 기억한다.

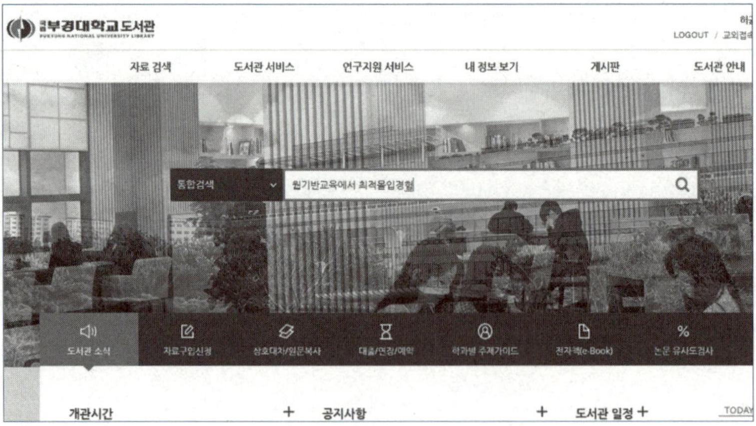

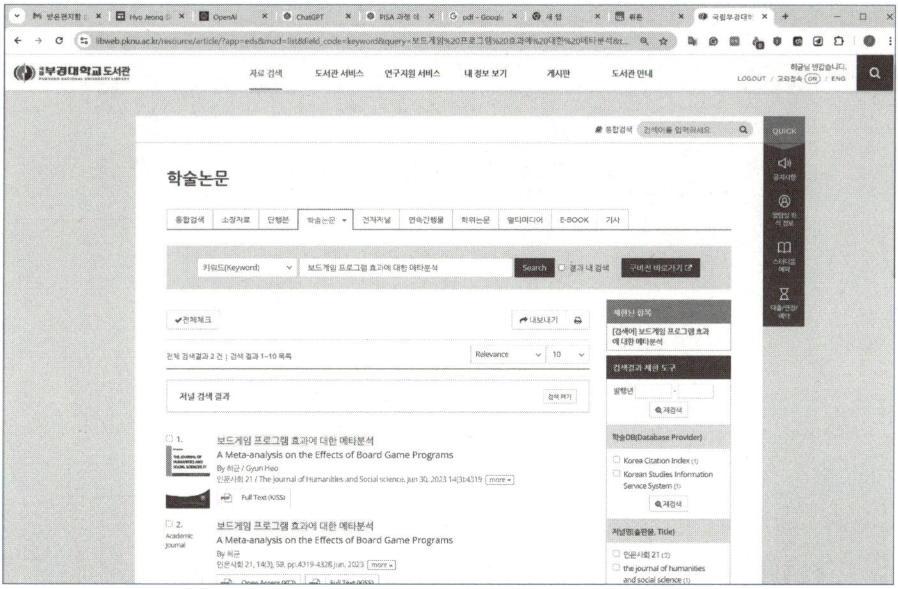

NotebookLM을 열고 출처에서 다운로드한 PDF 파일을 선택한다.

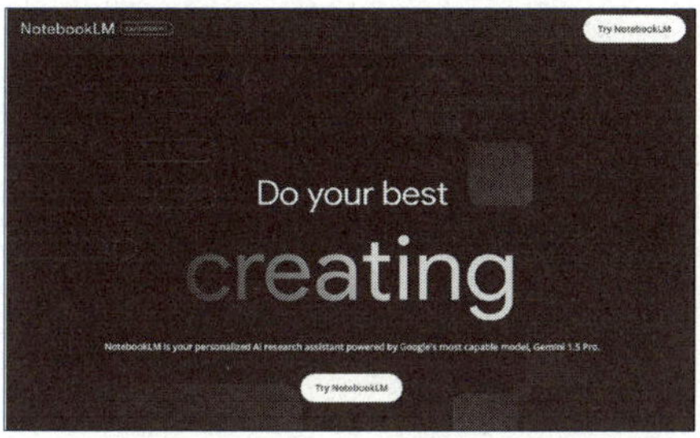

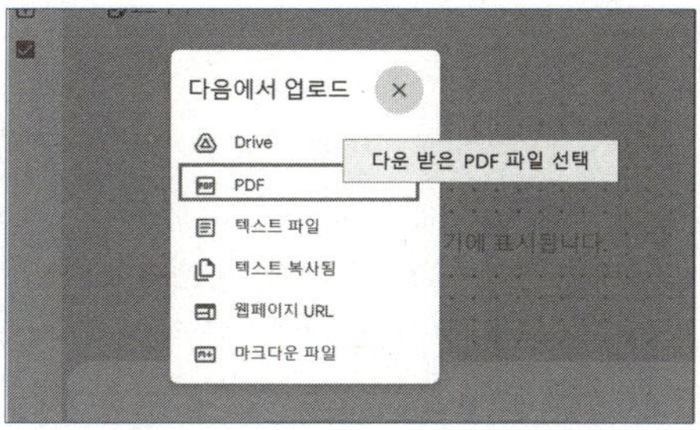

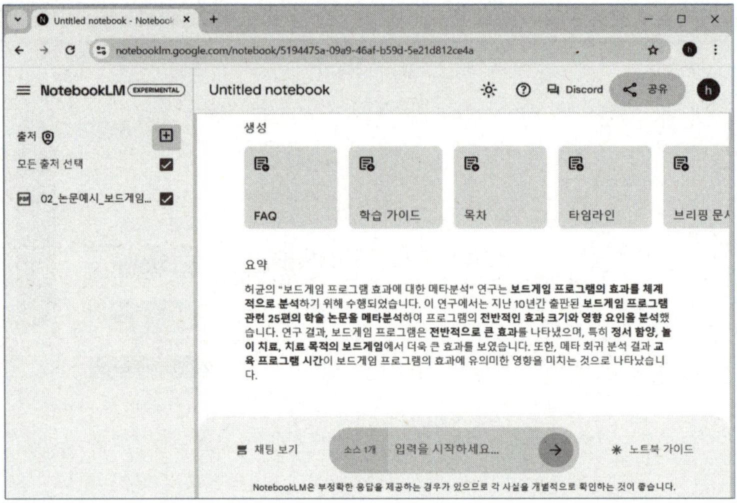

❷ 템플릿(요약, FAQ, 학습 가이드, 목차, 타임라인, 브리핑 문서) 메모 생성하기(조건 2)

✍ 채팅 보기 오른쪽의 '노트북 가이드'를 클릭하면 템플릿 선택 창이 나타난다.

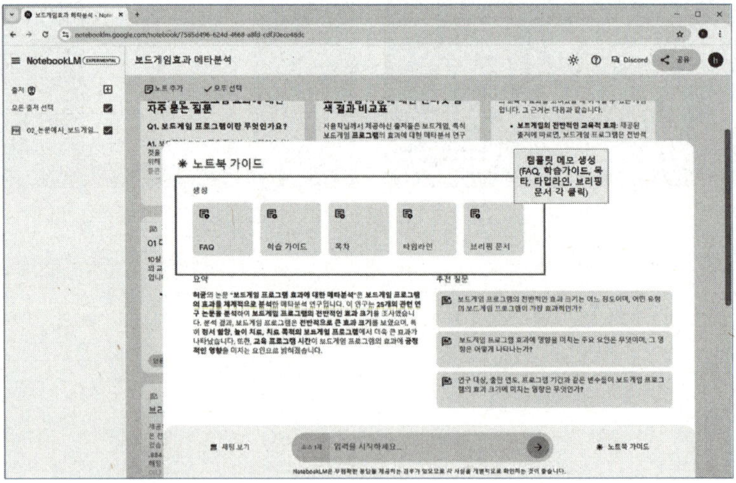

'FAQ'를 선택하면 다음과 같이 나타난다. 제목란에 'FAQ'를 입력한다. 같은 방식으로 학습 가이드, 목차, 타임라인, 브리핑 문서를 입력한다(조건 3).

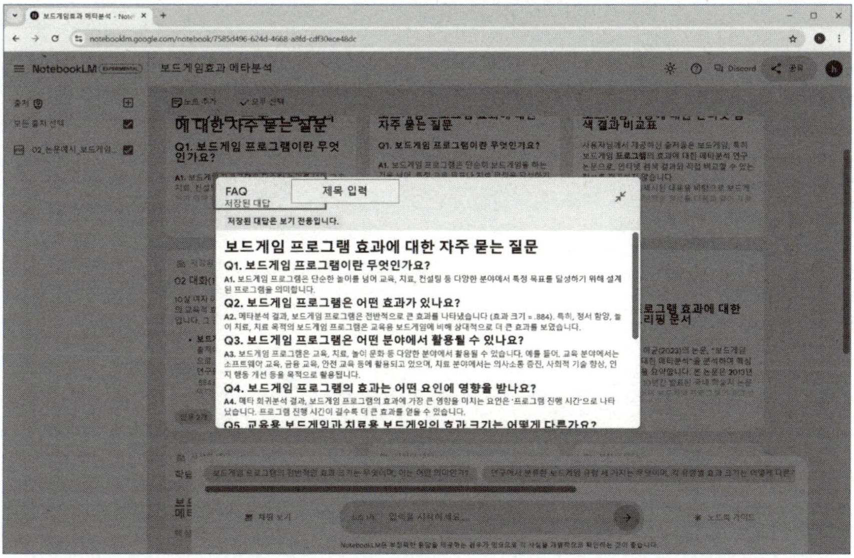

❸ 대화창에 공통 질문 제시하기(조건 4)

하단 대화창에 공통 질문인 "너는 10살 남자 아이의 부모라고 가정하자. '부루마불 게임이라는 보드게임이 있는데, 이를 자녀에게 사용하게 허락할 것인가?'에 대해 답변을 해 주고 그 근거도 밝혀 줘."라고 입력하면, 결과가 다음 그림과 같다.

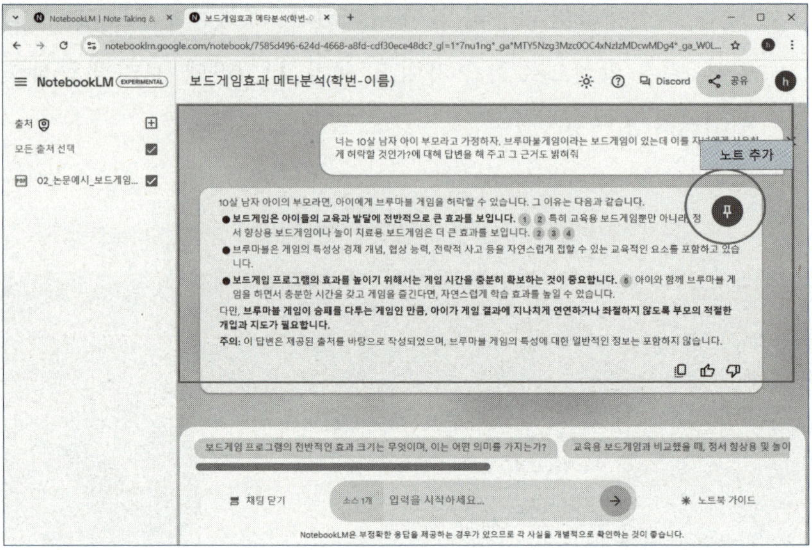

오른쪽 위에 압정을 누르면 '노트'에 추가된다. 추가 후 적절한 이름을 붙인다.

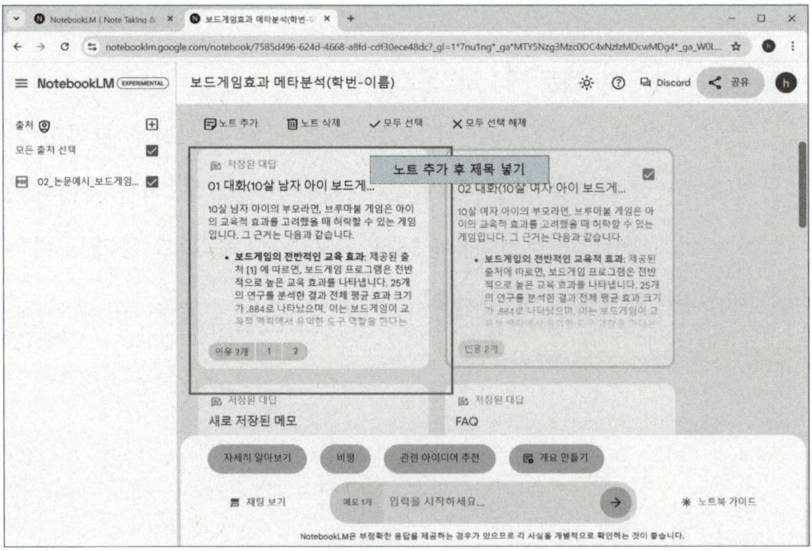

❹ 노트창 추가하기[새로운 질문들(조건 5), 서비스 이용 후 장단점(조건 6)]

☞ 같은 형식으로 새로운 질문들과 장단점 등을 정리해서 노트를 추가한다.

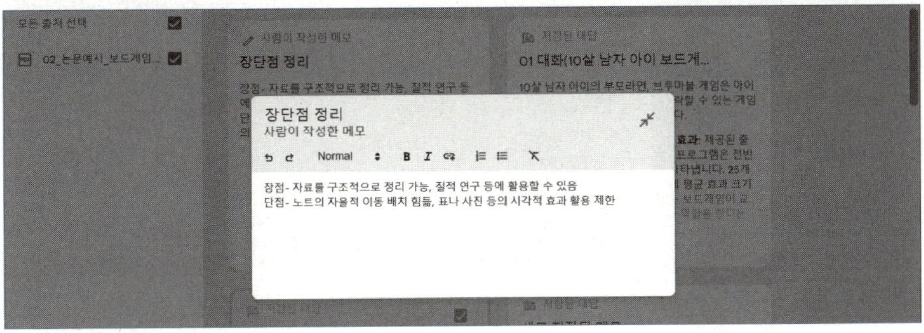

❺ 공유하기(조건 7)

☞ 공유 버튼을 누른다.

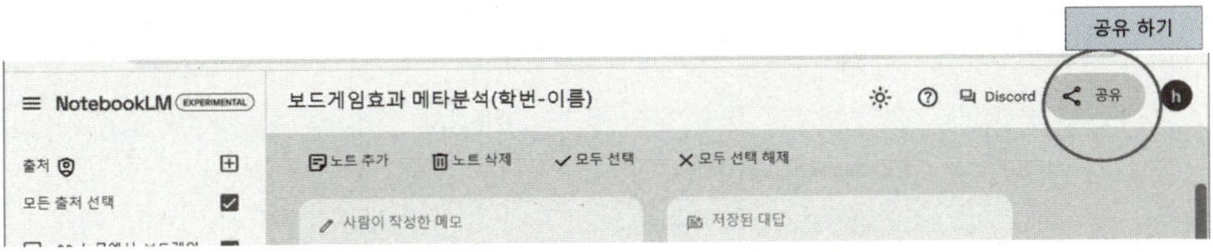

☞ 링크를 복사한 후 여러 가지 공유 매체로 전달한다.

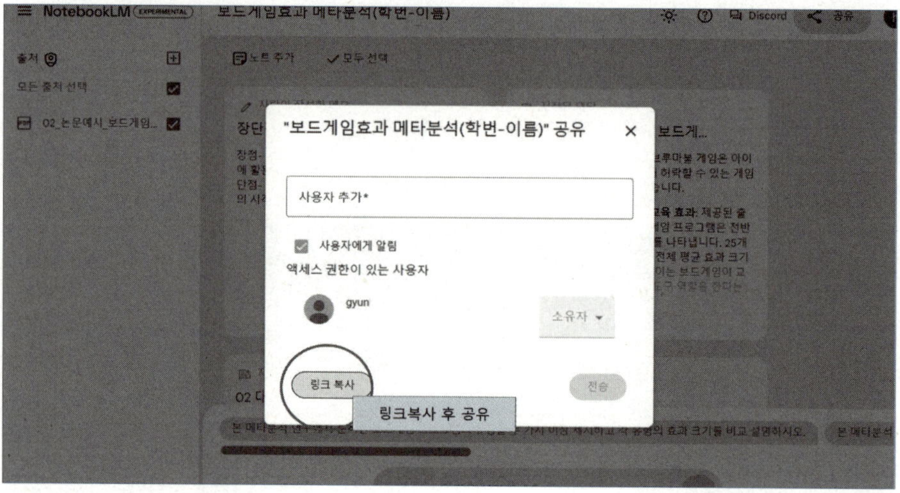
NotebookLM
보드게임효과 메타분석(학번-이름)
Discord
공유
출처
모든 출처 선택
노트 추가
모두 선택
"보드게임효과 메타분석(학번-이름)" 공유
사용자 추가*
사용자에게 알림
액세스 권한이 있는 사용자
gyun
소유자
링크 복사
전송
링크복사 후 공유

- 결과물 예시

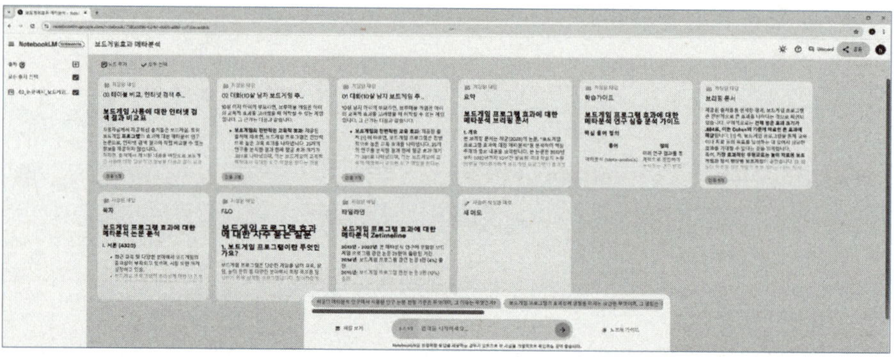

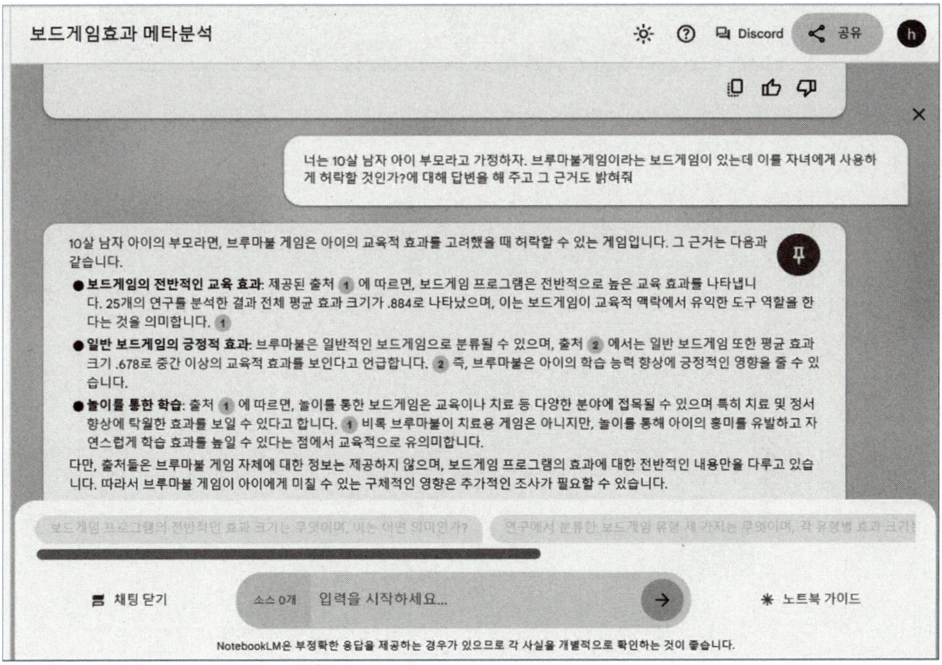
보드게임효과 메타분석
Discord
공유
너는 10살 남자 아이 부모라고 가정하자. 브루마블게임이라는 보드게임이 있는데 이를 자녀에게 사용하게 허락할 것인가?에 대해 답변을 해 주고 그 근거도 밝혀줘
10살 남자 아이의 부모라면, 브루마블 게임은 아이의 교육적 효과를 고려했을 때 허락할 수 있는 게임입니다. 그 근거는 다음과 같습니다.
● 보드게임의 전반적인 교육 효과: 제공된 출처 1 에 따르면, 보드게임 프로그램은 전반적으로 높은 교육 효과를 나타냅니다. 25개의 연구를 분석한 결과 전체 평균 효과 크기가 .884로 나타났으며, 이는 보드게임이 교육적 맥락에서 유익한 도구 역할을 한다는 것을 의미합니다. 1
● 일반 보드게임의 긍정적 효과: 브루마블은 일반적인 보드게임으로 분류될 수 있으며, 출처 2 에서는 일반 보드게임 또한 평균 효과 크기 .678로 중간 이상의 교육적 효과를 보인다고 언급합니다. 2 즉, 브루마블은 아이의 학습 능력 향상에 긍정적인 영향을 줄 수 있습니다.
● 놀이를 통한 학습: 출처 1 에 따르면, 놀이를 통한 보드게임은 교육이나 치료 등 다양한 분야에 접목될 수 있으며 특히 치료 및 정서 향상에 탁월한 효과를 보일 수 있다고 합니다. 1 비록 브루마블이 치료용 게임은 아니지만, 놀이를 통해 아이의 흥미를 유발하고 자연스럽게 학습 효과를 높일 수 있다는 점에서 교육적으로 유의미합니다.
다만, 출처들은 브루마블 게임 자체에 대한 정보는 제공하지 않으며, 보드게임 프로그램의 효과에 대한 전반적인 내용만을 다루고 있습니다. 따라서 브루마블 게임이 아이에게 미칠 수 있는 구체적인 영향은 추가적인 조사가 필요할 수 있습니다.
보드게임 프로그램의 전반적인 효과 크기는 무엇이며, 이는 어떤 의미인가?
연구에서 분류한 보드게임 유형 세 가지는 무엇이며, 각 유형별 효과 크기는
채팅 닫기
소스 0개
입력을 시작하세요...
노트북 가이드
NotebookLM은 부정확한 응답을 제공하는 경우가 있으므로 각 사실을 개별적으로 확인하는 것이 좋습니다.

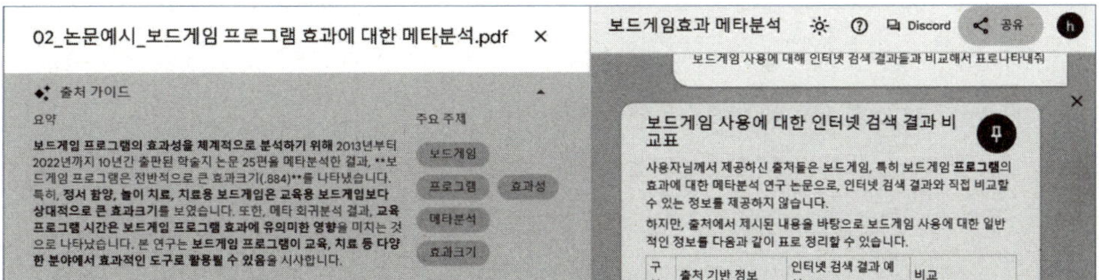
02_논문예시_보드게임 프로그램 효과에 대한 메타분석.pdf
출처 가이드
요약
주요 주제
보드게임 프로그램의 효과성을 체계적으로 분석하기 위해 2013년부터 2022년까지 10년간 출판된 학술지 논문 25편을 메타분석한 결과, **보드게임 프로그램은 전반적으로 큰 효과크기(.884)**를 나타냈습니다. 특히, 정서 함양, 놀이 치료, 치료용 보드게임은 교육용 보드게임보다 상대적으로 큰 효과크기를 보였습니다. 또한, 메타 회귀분석 결과, 교육 프로그램 시간은 보드게임 프로그램 효과에 유의미한 영향을 미치는 것으로 나타났습니다. 본 연구는 보드게임 프로그램이 교육, 치료 등 다양한 분야에서 효과적인 도구로 활용될 수 있음을 시사합니다.
보드게임
프로그램
효과성
메타분석
효과크기
로 얼마 정도의 효과가 있는 것인지, 어떤 특정한 영역에서 더 많은 효과가 있는지 등에 대한 정보는 많이 부족한 실정이다. 전반적인 효과성이 확인된다면 프로그램의 성격과 특성에 따라 보다 높은 효과를 올리기 위한 설계나 개발이 이뤄질 수 있을 것이다. 단순한 게임을 넘어 보드게임 프로그램이 다양한 영역의 학습, 컨설팅, 놀이문화 등으로 융합되어 특정 프로그램의 목표를 달성 가능하게 할 것으로 기대된다
이에 본 연구에서는 메타분석을 통해 보드게임 프로그램의 효과성에 대해 체계적으로 분석하고자 하였다. 이를 위한 구체적인 연구문제를 제시하면 다음과 같다:
첫째, 보드게임 프로그램 연구의 일반적인 특성은 무엇인가?
둘째, 보드게임 프로그램의 전체 효과성은 어떠한가?
셋째, 보드게임 프로그램의 영역별 효과성은 어떠한가?
넷째, 보드게임 프로그램의 효과에 영향을 주는 요인은 무엇인가?
보드게임 프로그램 효과에 대한 메타분석 _4321
II. 연구방법 및 내용
1. 연구대상 논문의 선정
메타분석으로 보드게임 프로그램의 효과크기를 파악하기 위해 2013년에서 2022년 12월
보드게임효과 메타분석
Discord
공유
보드게임 사용에 대해 인터넷 검색 결과들과 비교해서 표로나타내줘
보드게임 사용에 대한 인터넷 검색 결과 비교표
사용자님께서 제공하신 출처들은 보드게임, 특히 보드게임 프로그램의 효과에 대한 메타분석 연구 논문으로, 인터넷 검색 결과와 직접 비교할 수 있는 정보를 제공하지 않습니다.
하지만, 출처에서 제시된 내용을 바탕으로 보드게임 사용에 대한 일반적인 정보를 다음과 같이 표로 정리할 수 있습니다.
구분
출처 기반 정보
인터넷 검색 결과 예시
비교
전반적 효과
- 보드게임 프로그램은 전반적으로 높은 교육 효과를 나타냅니다. 1
 - 25개 연구 분석 결과, 평균 효과 크기 .884로 큰 효과를 보입니다. 1 2
- "보드게임은 아이들의 창의력, 사고력, 문제 해결 능력을 키우는 데 도움이 됩니다."
 - "보드게임은 가족 또는 친구들과 함께 즐거운 시간을 보내는 데 좋은 활동입
- 출처는 연구 결과에 기반하여 보드게임의 교육적 효과를 객관적으로 제시합니다.
 - 인터넷 검색 결과는 보다 일반적이고 주관적인 정보를 제공할 수 있습
보드게임 프로그램의 전반적인 효과 크기는 무엇이며, 이는 어떤 의미인가?
채팅 닫기
소스 1개
입력을 시작하
노트북 가이드
NotebookLM은 부정확한 응답을 제공하는 경우가 있으므로 각 사실을 개별적으로 확인하는 것이 좋습니다.

제4장 요약

NotebookLM의 기능 살펴보기

– NotebookLM의 다양한 기능을 살펴보고 익히기

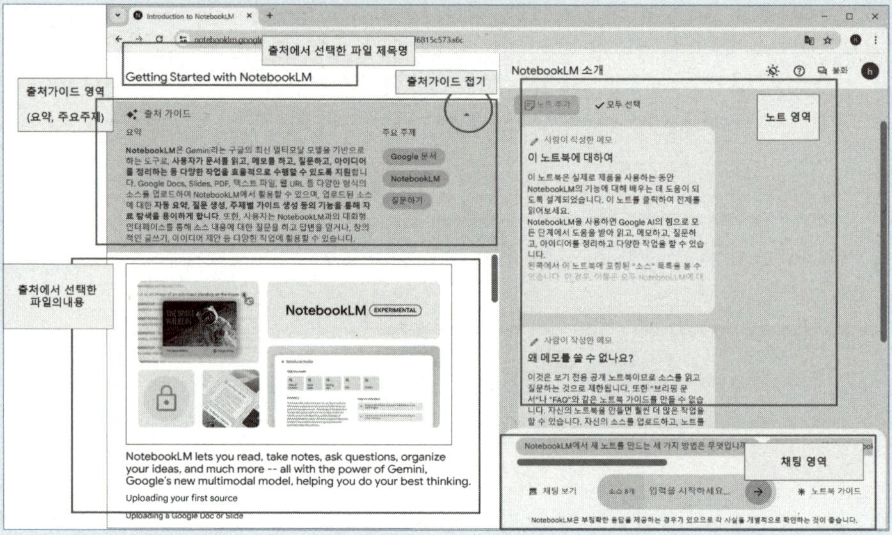

NotebookLM을 활용하여 학술논문 분석하기

– NotebookLM의 다양한 기능을 학술논문 분석에 활용해 보기

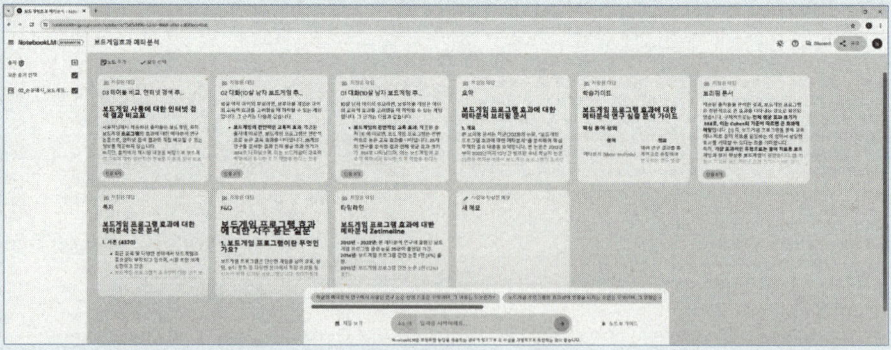

제4장 연습문제

1. NotebookLM에 나오는 주요 용어를 정리하시오.

2. NotebookLM의 장단점을 제시하고 그 이유를 제시하시오.

MEMO

제5장 빅데이터 분석 AI 활용 교육자료 만들기

1. 빅데이터 분석 교육자료 만들기

2. 생성 AI 활용 교육자료 만들기

1 빅데이터 분석 교육자료 만들기

전통적 빅데이터 분석 과정을 통해 그래프 인쇄자료를 만들어 보자. 그래프를 만들기 위해서는 다양한 도구를 활용할 수 있다. 여기서 최종 그래프 인쇄 매체는 구글 DOC에서 PDF로 저장한 것으로 결과물을 만들어 본다. 그래프는 ChatGPT, 엑셀, 구글 스프레드시트 등을 이용할 수 있다.

만들어진 그래프로 인쇄자료를 만들어서 수업 시간에 활용하는 것을 목표로 한다. 구체적으로 중학교와 전문계고 학생 수 혹은 교사 수의 약 20년간 변화를 그래프로 나타내 보자. 학생 수 변화와 교사 수 변화를 미리 살펴보면 앞으로 필요한 교직 인력 수에 대한 예측이 가능할 것이다.

- 미션: 교사 수 변화 추이를 그래프로 만들어 교육용 인쇄물자료로 만드시오(예시 결과물에서는 초 · 중 · 고 학생 수 변화와 교사 임용 정책 예상으로 만들어 제시함).

- 조건: 데이터 수집, 그래프 작성–ChatGPT, 엑셀 혹은 구글 스프레드시트 활용, 인쇄물자료–구글 문서 혹은 한글 활용

- 결과물 예시

학생 수 변화와
교사 임용 정책 예상

종단 데이터를 살펴보고 여러분의 의견을 적어 보세요.

최근 20년간 중 · 고교 학생 수 변화

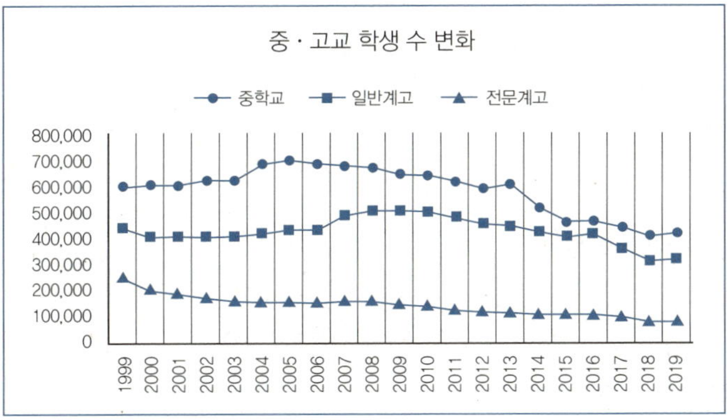

특성화고 학생 수 변화

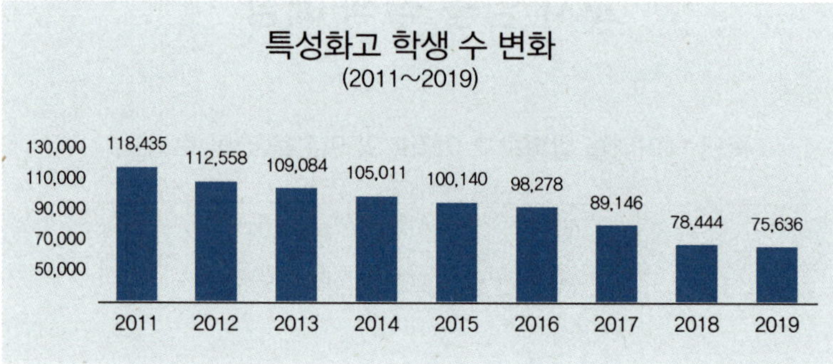

공유 문서로 자신의 의견을 추가해 보세요.

새롭게 알게 된 내용을 적으세요.

-
-

더 찾아봐야 할 사항

-
-

임용 준비 방안

-
-

실행순서

❶ 빅데이터 통계 데이터 확인하기

국가에서 제공하는 교육통계 서비스(https://kess.kedi.re.kr/index)를 활용한다. 본 예제에서 활용하는 통계명은 '연도별 입학자'이며 주제별(교육통계〉유·초·중등통계〉연도별 추이)이나 학교급별(교육통계〉유·초·중등통계〉연도별 추이) 결과로부터 다음과 같이 확인할 수 있다.

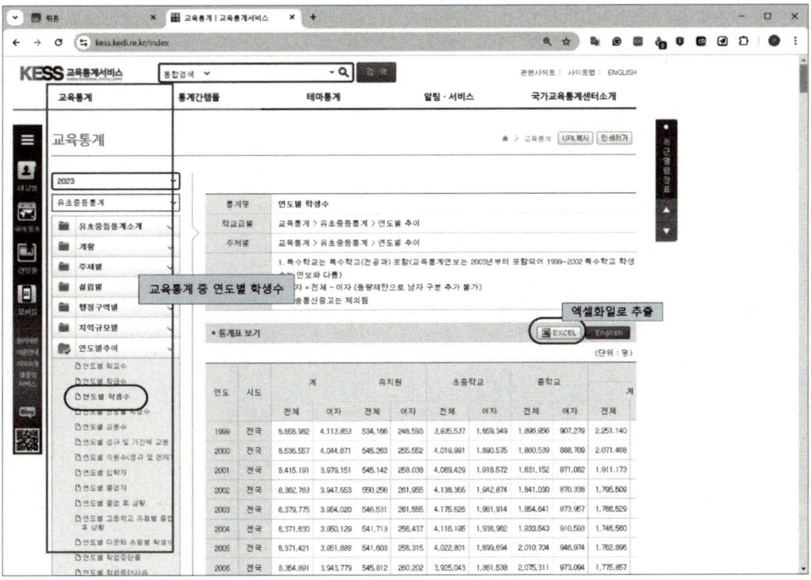

출처: https://kess.kedi.re.kr/index

❷ 통계 데이터 가져오기

'통계표 보기'의 우측에 원하는 데이터 형식을 선택한다. 엑셀을 선택해서 데이터를 컴퓨터로 가져온다.

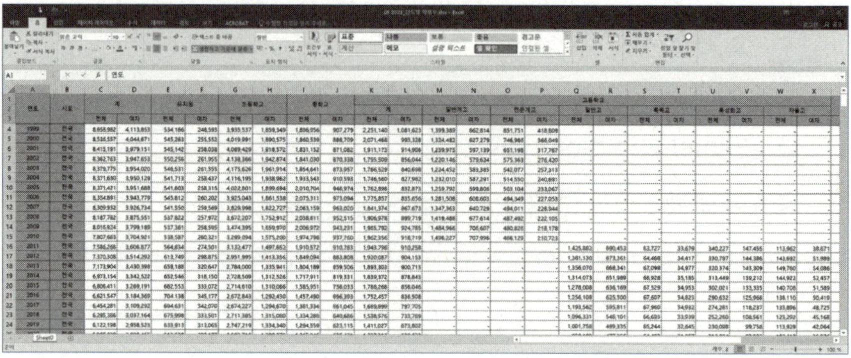

❸ 데이터 클리닝하기

필요한 데이터만 남기고 나머지는 삭제한다. 1999~2023년 초·중·고 전체 데이터, 지역은 전국 데이터만 남기고 나머지는 삭제한다.

	A	B	C	D
1	연도	초	중	고
2	1999	3,935,537	1,896,956	2,251,140
3	2000	4,019,991	1,860,539	2,071,468
4	2001	4,089,429	1,831,152	1,911,173
5	2002	4,138,366	1,841,030	1,795,509
6	2003	4,175,626	1,854,641	1,766,529
7	2004	4,116,195	1,933,543	1,746,560
8	2005	4,022,801	2,010,704	1,762,896
9	2006	3,925,043	2,075,311	1,775,857
10	2007	3,829,998	2,063,159	1,841,374
11	2008	3,672,207	2,038,611	1,906,978
12	2009	3,474,395	2,006,972	1,965,792
13	2010	3,299,094	1,974,798	1,962,356
14	2011	3,132,477	1,910,572	1,943,798
15	2012	2,951,995	1,849,094	1,920,087
16	2013	2,784,000	1,804,189	1,893,303
17	2014	2,728,509	1,717,911	1,839,372
18	2015	2,714,610	1,585,951	1,788,266
19	2016	2,672,843	1,457,490	1,752,457
20	2017	2,674,227	1,381,334	1,669,699
21	2018	2,711,385	1,334,288	1,538,576
22	2019	2,747,219	1,294,559	1,411,027
23	2020	2,693,716	1,315,846	1,337,312
24	2021	2,672,340	1,350,770	1,299,965
25	2022	2,664,278	1,348,428	1,262,348
26	2023	2,603,929	1,326,831	1,278,269

❹ 그래프 만들기

데이터를 선택한 후 메뉴에서 [삽입]에서 꺾은선 그래프를 선택한다.

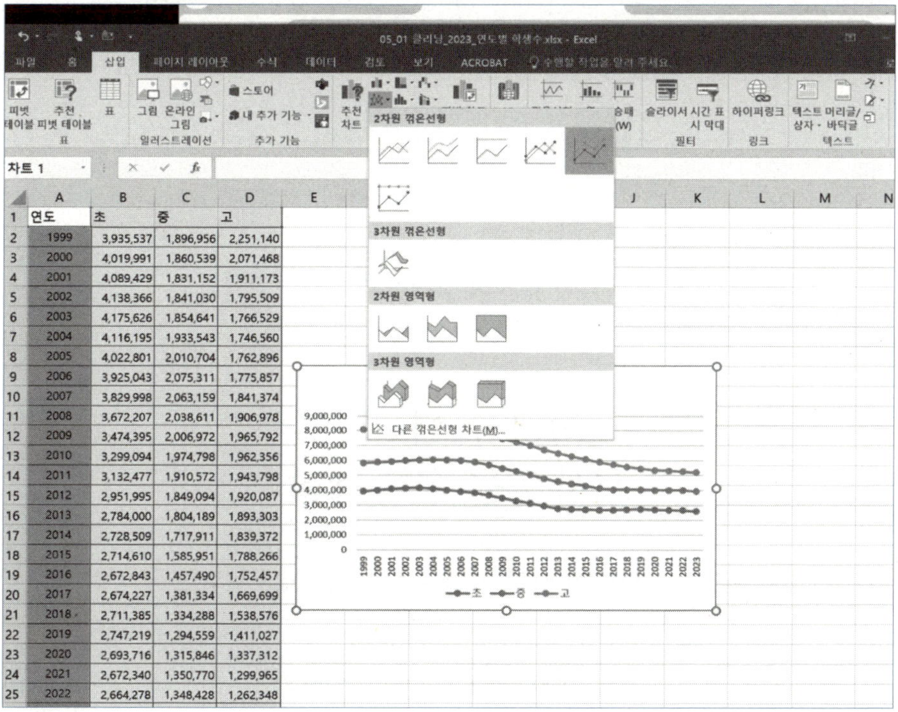

그리고 [디자인]에서 원하는 형태를 선택하면 그래프가 완성된다.

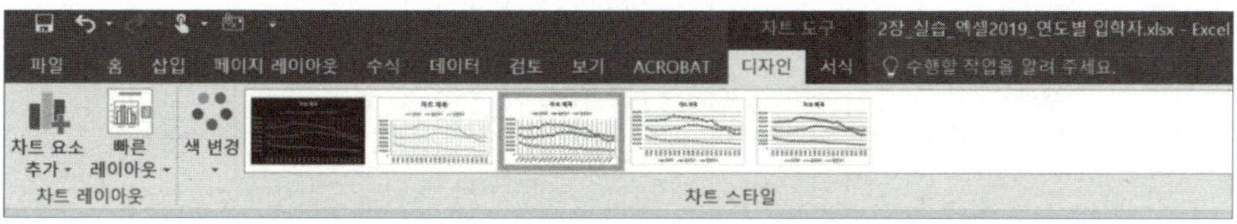

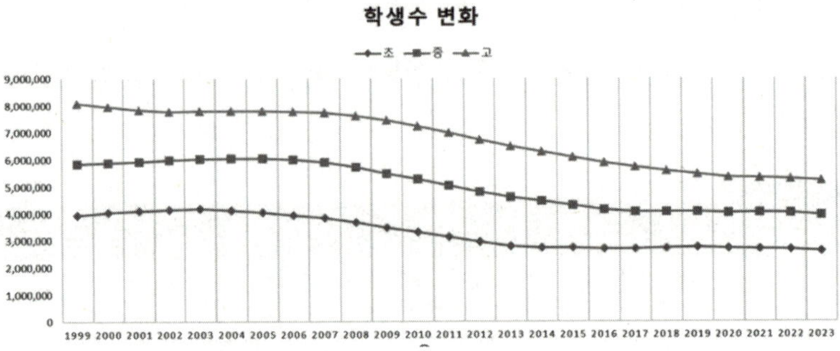

❺ 완성하기

수업 시간에 교육용으로 활용될 인쇄자료를 완성한다.

학생 수 변화와 교사 임용 정책 예상

종단 데이터를 살펴보고 여러분의 의견을 적어 보세요.

최근 20년간 중 · 고교 학생 수 변화

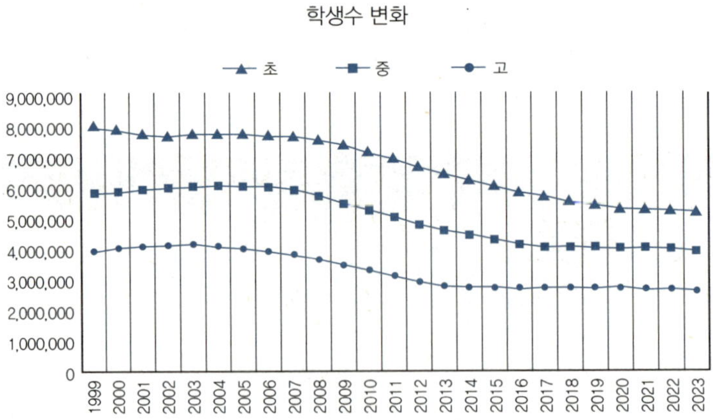

새롭게 알게 된 내용을 적으세요.

-
-
-
-

더 찾아봐야 할 사항

-
-
-
-

임용 준비 방안

-
-
-
-

2 생성 AI 활용 교육자료 만들기

이번 절에서는 ChatGPT를 활용하여 1절에서 진행한 전통적 빅데이터 분석 과정을 보완하고자 한다. 전통적인 방법론을 통해 약 20년간의 초·중·고 학생 수 변화를 그래프 형태로 시각화하는 작업을 진행했다. 이 과정에서 데이터 수집, 정리, 분석 및 시각화의 단계를 거쳤다. 하지만 이 모든 과정에서 ChatGPT도 중요한 역할을 할 수 있다.

ChatGPT는 데이터 분석과 관련된 다양한 질문에 신속하게 답변할 수 있는 능력을 가지고 있어, 학생 수 변화와 교사 수 변화를 분석하는 데 필요한 정보와 아이디어를 제공할 수 있다. 예를 들어, 특정 데이터 출처를 추천하거나 그래프를 생성하는 방법에 대한 구체적인 지침을 제공하여, 분석 작업을 보다 효율적으로 진행할 수 있도록 도와준다.

그러나 ChatGPT의 한계도 존재한다. 실시간 데이터에 접근할 수 없고, 특정 통계의 정확성을 검증하는 기능이 부족하므로, 최종 결과물의 신뢰성을 높이기 위해서는 외부 데이터 출처와의 병행이 필요하다. 이러한 점을 고려하여 ChatGPT를 보조 도구로 활용함으로써 보다 완성도 높은 교육자료를 만드는 데 기여할 수 있기를 기대한다.

- 미션: 교사 수 변화 추이를 그래프로 만들어 인쇄물 자료로 만드시오(예시 결과물에서는 학생 수 변화와 교사 임용 정책 예상으로 만들어 제시함).

- 조건:

1. 데이터 수집을 생성 AI 도구(ChatGPT 등)로 시도해 보시오.
2. 수집된 자료(1절의 엑셀 파일)로 데이터 분석을 AI 도구(ChatGPT 등)로 시도해 보시오.
3. 그래프 작성을 생성 AI 도구(ChatGPT 등)로 시도해 보시오.
4. 인쇄자료 구성을 생성 AI 도구(ChatGPT 등)로 시도해 보시오.

- 결과물 예시

학생 수 변화와 교사 임용 정책 예상

종단 데이터를 살펴보고 여러분의 의견을 적어 보세요.

최근 20년간 중 · 고교 학생 수 변화

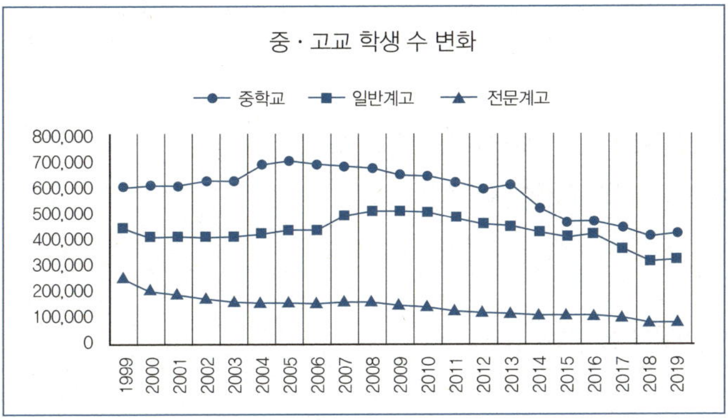

특성화고 학생 수 변화

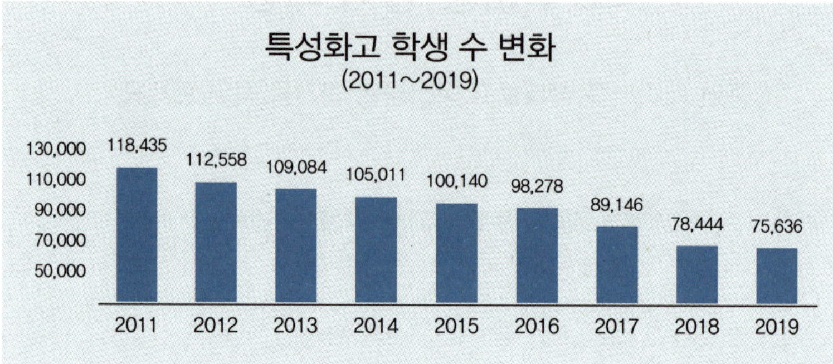

공유 문서로 자신의 의견을 추가해 보세요.

새롭게 알게 된 내용을 적으세요.

•

•

더 찾아봐야 할 사항

•

•

임용 준비 방안

•

•

수업 내용 요약

1. 학생 수 변화

- **초등학교**: 1999년 약 3,935,537명에서 2021년 약 2,603,929명으로 감소.
- **중학교**: 1999년 약 1,896,956명에서 2021년 약 1,326,831명으로 감소.
- **고등학교**: 1999년 약 2,251,140명에서 2021년 약 1,278,269명으로 감소.

2. 교사 임용 정책

- **교사 수요 변화**: 학생 수 감소에 따라 교사 수요도 감소할 가능성이 큼.
- **정책 대응**: 교사 임용 정책은 학생 수 변화에 맞춰 조정되어야 함.
  - **교사 재교육**: 기존 교사들의 재교육 및 재배치 필요.
  - **임용 시험 조정**: 교사 임용 시험의 합격자 수 조정.
  - **교사 복지 강화**: 교사들의 직업 안정성과 복지 강화.

3. 결론

- **학생 수 감소**: 전반적인 학생 수 감소는 교육 정책에 큰 영향을 미침.
- **정책 조정 필요**: 교사 임용 정책을 포함한 교육 정책의 유연한 조정이 필요.

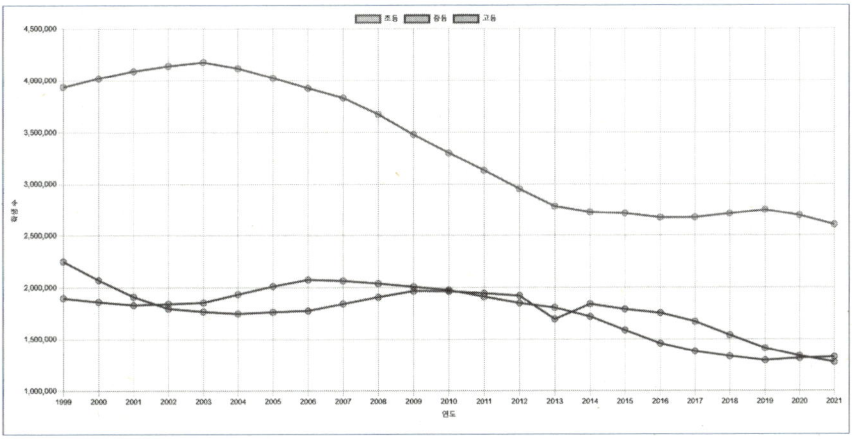

실행순서

❶ 빅데이터 통계 데이터 확인하기

국가에서 제공하는 교육통계 서비스(https://kess.kedi.re.kr/index)를 활용한다. 본 예제에서 활용하는 통계명은 '연도별 입학자'이며 주제별(교육통계〉유 · 초 · 중등통계〉연도별 추이)이나 학교급별(교육통계〉유 · 초 · 중등통계〉연도별 추이) 결과로부터 다음과 같이 확인할 수 있다.

- AI 서비스에 대략적으로 "너는 전문 교수자라고 가정한다. 학생들을 위한 교육이 있고 이에 대한 데이터를 모으고 수업 시간에 활용 가능한 자료를 만들고 있다. 교육통계 서비스(https://kess.kedi.re.kr/index) 사이트의 연도별 입학자 정보를 확인해 초 · 중 · 고 학생들의 2000년 이후부터 최근까지 학생 수 변화에 대한 데이터를 가져와 엑셀 파일로 제시해 줘."와 같은 질문을 제시하였다.
- ChatGPT에서는 데이터를 직접 가져올 수 없고 어떻게 수행해야 하는지 그 방식에 대해 제시하고 있다. 예시 파일을 제시하지만, 데이터는 가상적으로 작성하고 있는 것을 볼 수 있다.

알겠습니다. 사이트에서 직접 데이터를 다운로드하거나 엑셀 파일을 생성하는 작업은 직접적으로 수행할 수 없지만, 당신이 이 작업을 수행하는 데 필요한 단계를 안내해 드릴 수 있습니다. 아래의 가이드를 따르면 연도별 입학자 데이터를 효율적으로 수집하고 엑셀 파일로 정리할 수 있습니다.

단계별 가이드

1. **사이트 접속 및 데이터 검색**
   - KESS 교육통계 웹사이트에 접속합니다.
   - 상단 메뉴에서 "교육통계"를 클릭한 후 "유초중등통계"를 선택합니다.
   - "연도별 추이"를 선택한 후, "연도별 입학자" 관련 데이터를 찾습니다.
2. **데이터 선택**
   - "학교급별" 또는 "주제별" 통계 옵션을 선택하여 원하는 데이터를 찾습니다.
   - 필요한 데이터는 일반적으로 유치원, 초등학교, 중학교, 고등학교별 입학자 수입니다.
3. **데이터 다운로드**
   - 데이터 조회 후, 보통 "엑셀 다운로드" 또는 "CSV 다운로드" 버튼이 제공됩니다. 이를 클릭하여 데이터를 다운로드합니다.
4. **엑셀 파일로 데이터 정리**
   - 다운로드한 엑셀 파일을 열고, 데이터를 확인합니다.
   - 데이터가 정렬되어 있지 않[illegible] 필요한 정보가 누락된 경우, 필터를 사용하거나 필요한 정보를 수동으로 추가합니다.

   - 다운로드한 엑셀 파일을 열고, 데이터를 확인합니다.
   - 데이터가 정렬되어 있지 않거나 필요한 정보가 누락된 경우, 필터를 사용하거나 필요한 정보를 수동으로 추가합니다.

5. **엑셀 파일 포맷**
   - 엑셀 파일의 첫 번째 시트에는 "연도별 입학자 수"로 제목을 붙이고, 각 열에는 "연도", "유치원", "초등학교", "중학교", "고등학교" 등을 제목으로 설정합니다.
   - 각 연도별로 입학자 수를 입력하여 데이터의 가독성을 높입니다.

엑셀 파일 예시 포맷

연도	유치원 입학자 수	초등학교 입학자 수	중학교 입학자 수	고등학교 입학자 수
2000	50,000	100	80,000	70,000
2001	51,000	101,000	81,000	72,000
...	..	...	...	...
2023	60,	110,0	90,0	80

결론

이 가이드를 따르면, 사이트에서 직접 데이터를 수집하고 엑셀 파일로 정리하는 작업을 효율적으로 수행할 수 있습니다. 만약 데이터 다운로드와 관련하여 추가적인 도움이 필요하시거나 구체적인 분석 방법이 필요하시면, 언제든지 질문해 주세요!

wrtn의 'AI 과제와 업무'로 동일한 질문을 했을 때 ChatGPT와 비슷한 형태의 제안을 해 주었다.

- 너는 전문 교수자라고 가정한다. 학생들을 위한 교육이 있고 이에 대한 데이터를 모으고 수업시간에 활용 가능한 자료를 만들고 있다. https://kess.kedi.re.kr/index 이 사이트의 연도별 입학자 정보를 확인해 초중고 학생들의 2000년 이후 부터 최근까지 학생수 변화에 대한 데이터를 가져와 엑셀화일로 제시해줘

답변

분석 과정

안녕하세요! 교육 관련 자료를 모으고 계시는군요. 요청하신 초중고 학생들의 2000년 이후부터 최근까지의 연도별 입학자 정보에 대한 데이터를 가져오는 방법을 안내해드리겠습니다.

학생 수 변화 데이터 수집 방법

1. **웹사이트 방문**
   - 원하시는 데이터는 KEDI 연도별 입학자 정보 웹사이트에서 확인할 수 있습니다.
2. **입학자 정보 확인**
   - 해당 사이트에서 '통계자료' 또는 '연도별 입학자 수'와 같은 메뉴를 찾으신 후, 2000년부터 최근까지의 출력을 진행하세요.
3. **데이터 다운로드**
   - 제공되는 데이터를 엑셀 형식으로 다운로드할 수 있는 옵션이 있을 경우, 해당 버튼을 클릭하여 엑셀 파일로 저장하실 수 있습니다.
4. **데이터 정리 및 분석**
   - 다운로드한 엑셀 파일에서 필요 없는 열이나 데이터를 정리하여, 분석하기 쉽도록 가공하세요.

교육 관련 다른 제안

- **학생 수 변화 분석**
  - 데이터 수집과 함께 학생 수 변화의 원인을 분석할 수 있습니다. 예를 들어,
    - **인구 변화**: 특정 지역의 인구 이동이나 출산율 변화가 학생 수에 미치는 영향을 살펴볼 수 있습니다.
    - **정책 변화**: 정부의 교육 정책 변화나 학교 설립에 따른 영향도 중요할 수 있습니다.

이렇게 정리된 데이터는 수업 시간에 유용하게 사용될 수 있을 것입니다. 만약 데이터 수집이나 분석 과정에서 추가적인 도움이 필요하시면 언제든지 질문해 주세요! 😊

wrtn의 'AI 검색' 옵션으로 동일한 질문을 했을 때 관련된 웹사이트를 검색한 결과들을 중심으로 내용을 제시하고 있다. 대체적인 온라인상의 결과는 쉽게 확인할 수 있는 장점이 있다.

답변

검색 과정

동영상

교육 분야 데이터 분석 - 1)보건실 방문건...

린이랑 건강하게 · 2021. 1. 21.

[네트워크 특별대담] 도성훈 인천시교육감...

MBN News · 2021. 12. 10.

이미지

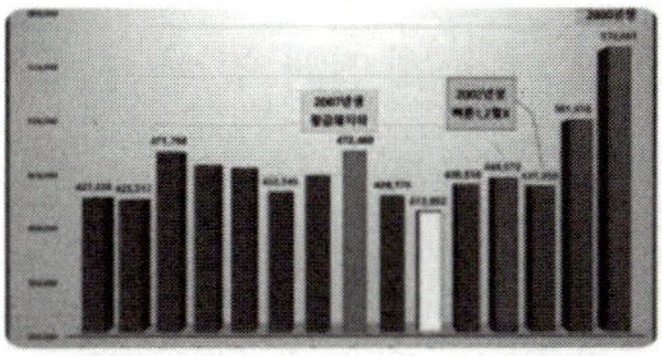

괜찮은 뉴스

학년별 학생수 변화 - 교육통계서비스 발표 < 괜찮은 입시 < 기사본문 - 괜찮...

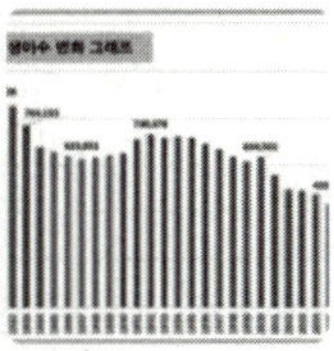

괜찮은 뉴스

학년별 학생수 변화 - 교육통계서비...

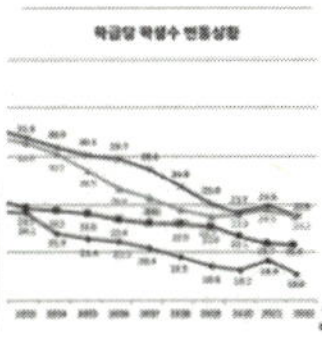

서울시교육청

서울특별시교육청 : HOME > 정보...

데이터숍

올해 전국 학생 수 588...

Naver Blog

학년별 학생수 변화...

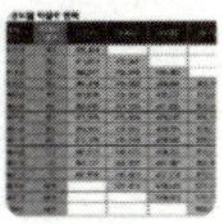

Naver Blog

학년별 학생수 변화...

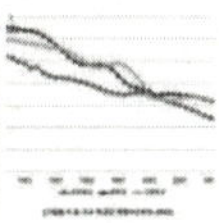

Naver Blog

2022. 10. 이슈통계] ...

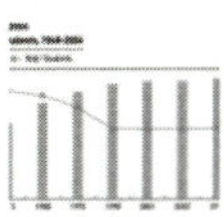

서울연구데이터서비스 - 서울연구원

초등학교 | 서울연구데...

국회데이터연구소

일반사회통계(174호) ...

학생 수 변화에 대한 데이터를 수집하기 위해 KEDI의 웹사이트를 참고했습니다. 이 사이트는 한국의 교육 관련 통계와 자료를 제공합니다. 아래는 2000년 이후 초중고 학생 수 변화에 대한 정보를 정리한 것입니다.

초중고 학생 수 변화 (2000년 이후)

- **초등학교**: 2000년대 초반부터 학생 수가 감소하는 추세를 보였습니다. 이는 출생률 감소와 관련이 있습니다.
- **중학교**: 중학교 학생 수는 초등학교와 비슷한 경향을 보이며, 2000년대 중반부터 감소세가 뚜렷해졌습니다.
- **고등학교**: 고등학교 학생 수는 2000년대 초반에 비해 감소하였으며, 이는 대학 진학률 증가와 관련이 있습니다.

데이터 수집 방법

- KEDI 웹사이트에서 제공하는 연도별 입학자 정보를 통해 데이터를 수집할 수 있습니다.
- 각 학교급별 학생 수를 엑셀 파일로 정리하여 제공할 수 있습니다.

관련 자료

- KEDI의 통계 자료는 다양한 연구와 정책 수립에 활용될 수 있습니다.
- 교육 정책의 변화와 학생 수 변화 간의 관계를 분석하는 것도 중요한 연구 주제입니다.

이 정보를 바탕으로 엑셀 파일을 생성할 수 있으며, 필요한 경우 추가적인 데이터 분석도 가능합니다. 학생 수 변화에 대한 이해는 교육 정책 및 프로그램 개발에 매우 중요합니다.

마지막으로, 학생 수 변화는 교육의 질과 직결되므로, 지속적인 모니터링과 연구가 필요합니다.

저장하기

원하는 답변이 아니었나요? AI 과제와 업무로 실행해보기

다른 제안 보기 >

Gemini로 동일한 질문을 했을 때 "제시한 웹사이트를 액세스할 수 없다."라는 동일한 답이 계속 나왔다.

> 죄송해요. 제공해 준 웹사이트에 액세스할 수 없습니다. 콘텐츠를 사용할 수 없는 가장 흔한 이유는 페이월, 로그인 요구 사항 또는 민감한 정보 때문이지만, 사이트에 액세스하지 못하는 다른 이유도 있습니다.

CLOVA X로 동일한 질문을 했을 때 다음 화면과 같이 구체적인 숫자를 제시해 주었다. 하지만 앞에서 조사한 실제 데이터와는 차이가 있다.

CLOVA X

clova-x.naver.com

-"너는 전문 교수자라고 가정한다. 학생들을 위한 교육이 있고 이에 대한 데이터를 모으고 수업시간에 활용 가능한 자료를 만들고 있다. https://kess.kedi.re.kr/index 이 사이트의 연도별 입학자 정보를 확인해 초중고 학생들의 2000년 이후 부터 최근까지 학생수 변화에 대한 데이터를 가져와 엑셀화일로 제시해줘.

해당 사이트에서 연도별 입학자 정보를 확인하여 초중고 학생 수 변화에 대한 데이터를 엑셀 파일로 제공해 드리겠습니다.

- 초등학교

연도	입학자 수
2000	6,895,216
2001	6,854,796
2002	6,898,054
2003	6,902,365
2004	6,888,135
2005	6,811,008
2006	6,729,985
2007	6,614,294
2008	6,507,004
2009	6,403,762
2010	6,325,078
2011	6,143,759
2012	6,045,872
2013	5,972,136
2014	5,884,143
2015	5,801,109
2016	5,649,024
2017	5,413,838
2018	5,271,145
2019	5,148,678
2020	4,776,829

- 중학교

자유롭게 대화해 보세요.

CLOVA X는 부정확한 정보를 제공할 수 있으며, 이는 NAVER의 입장을 대변하지 않습니다. 개인정보 처리 안내

CLOVA X

clova-x.naver.com

2020	4,776,829

- 중학교

연도	입학자 수
2000	3,894,725
2001	3,881,964
2002	3,874,523
2003	3,863,701
2004	3,847,068
2005	3,822,480
2006	3,799,399
2007	3,767,227
2008	3,734,981
2009	3,704,512
2010	3,677,112
2011	3,644,025
2012	3,612,538
2013	3,582,187
2014	3,549,357
2015	3,516,858
2016	3,479,285
2017	3,428,204
2018	3,391,208
2019	3,355,568
2020	3,174,455

- 고등학교

연도	입학자 수
2000	3,022,718
2001	3,023,123
2002	3,028,627

자유롭게 대화해 보세요.

CLOVA X는 부정확한 정보를 제공할 수 있으며, 이는 NAVER의 입장을 대변하지 않습니다. 개인정보 처리 안내

CLOVA X

clova-x.naver.com

- 고등학교

연도	입학자 수
2000	3,022,718
2001	3,023,123
2002	3,028,627
2003	3,029,020
2004	3,024,279
2005	3,014,662
2006	2,998,971
2007	2,982,456
2008	2,962,683
2009	2,940,639
2010	2,912,295
2011	2,875,890
2012	2,845,818
2013	2,815,129
2014	2,786,438
2015	2,754,937
2016	2,720,775
2017	2,674,554
2018	2,641,243
2019	2,607,179
2020	2,465,911

위와 같이 초중고 학생 수 변화에 대한 데이터를 엑셀 파일로 제공해 드렸습니다. 추가적인 도움이 필요하시면 언제든지 말씀해 주세요.

다른 답변 보기

보관하고 싶은 대화가 있나요?
대화를 저장해 주제별 디스커버리를 만들어 보세요.

자유롭게 대화해 보세요.

CLOVA X는 부정확한 정보를 제공할 수 있으며, 이는 NAVER의 입장을 대변하지 않습니다. 개인정보 처리 안내

✍ Copilot에서는 "답변 생성 중"으로만, "잠시만 기다려 주세요."라고 만 나왔다. 자세한 정보를 통해 링크는 확인할 수 있다.

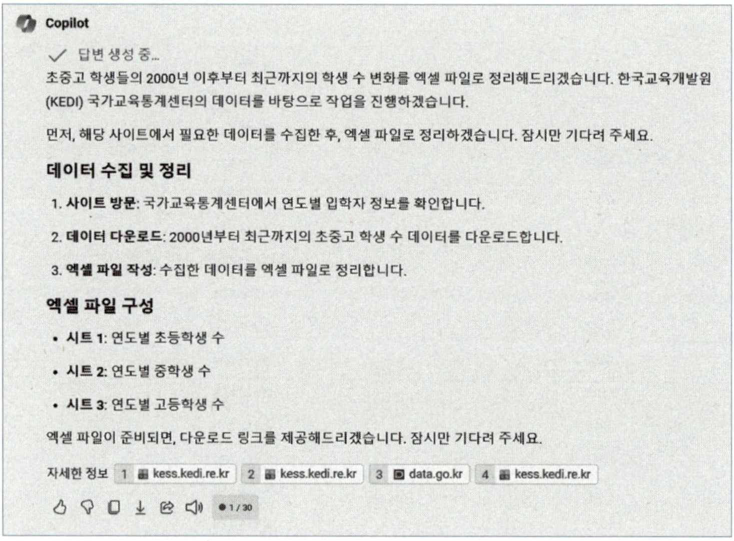

❷ 통계 데이터 가져오기

'통계표 보기'의 우측에 원하는 데이터 형식을 선택한다. 엑셀을 선택해서 데이터를 컴퓨터로 가져온다.

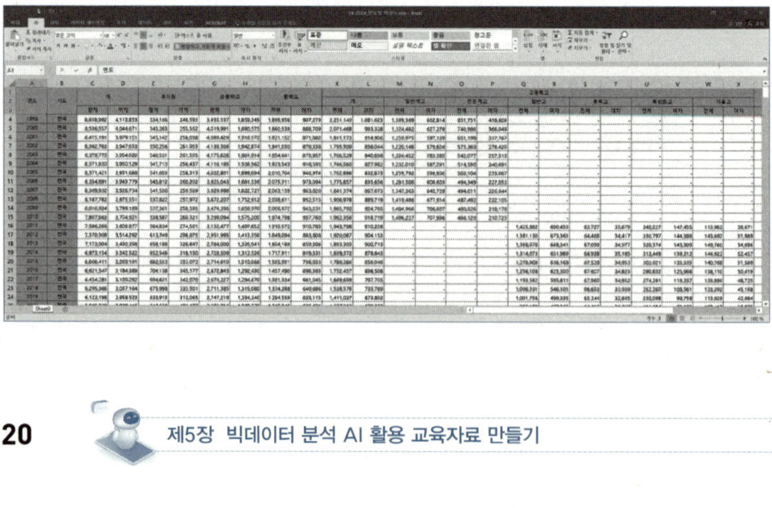

❸ 데이터 클리닝하기

필요한 데이터만 남기고 나머지는 삭제한다. 1999~2023년 초 · 중 · 고 전체 데이터, 지역은 전국 데이터만 남기고 나머지는 삭제한다.

	A	B	C	D
1	연도	초	중	고
2	1999	3,935,537	1,896,956	2,251,140
3	2000	4,019,991	1,860,539	2,071,468
4	2001	4,089,429	1,831,152	1,911,173
5	2002	4,138,366	1,841,030	1,795,509
6	2003	4,175,626	1,854,641	1,766,529
7	2004	4,116,195	1,933,543	1,746,560
8	2005	4,022,801	2,010,704	1,762,896
9	2006	3,925,043	2,075,311	1,775,857
10	2007	3,829,998	2,063,159	1,841,374
11	2008	3,672,207	2,038,611	1,906,978
12	2009	3,474,395	2,006,972	1,965,792
13	2010	3,299,094	1,974,798	1,962,356
14	2011	3,132,477	1,910,572	1,943,798
15	2012	2,951,995	1,849,094	1,920,087
16	2013	2,784,000	1,804,189	1,893,303
17	2014	2,728,509	1,717,911	1,839,372
18	2015	2,714,610	1,585,951	1,788,266
19	2016	2,672,843	1,457,490	1,752,457
20	2017	2,674,227	1,381,334	1,669,699
21	2018	2,711,385	1,334,288	1,538,576
22	2019	2,747,219	1,294,559	1,411,027
23	2020	2,693,716	1,315,846	1,337,312
24	2021	2,672,340	1,350,770	1,299,965
25	2022	2,664,278	1,348,428	1,262,348
26	2023	2,603,929	1,326,831	1,278,269

❹ AI를 활용한 시각화자료(그래프) 만들기

- 데이터 클리닝자료를 엑셀 파일, PDF 파일, 이미지 파일의 세 가지 형태로 준비한다.
- CLOVA X 는 현재 버전의 기준으로 데이터자료를 입력할 수 없고 텍스트에만 특화되어 있다.
- Gemini는 현재 기본 버전(Gemini Advanced가 아님)을 기준으로 이

미지를 업로드할 수 있다. 하지만 기본 버전에서는 시각화자료 결과를 제공받을 수 없고 제작 방안과 제언을 받을 수 있었다.

초중고 학생 수 변화 시각화 자료 분석 및 제작 요청 확인

요청 내용 요약:

- **역할:** 전문 교수자
- **목표:** 학생 수 변화 데이터를 활용한 시각화 자료 제작
- **데이터:** 1999년부터 최근까지 초중고 학생 수
- **활용:** 수업 시간에 활용 가능한 자료

시각화 자료 제작 방안 및 제언

1. 데이터 분석 및 정리:

- **기간별 학생 수 변화 추세:** 각 학급별로 연도별 학생 수 증감률을 계산하여 전체적인 추세를 파악합니다.
- **학급별 학생 수 비교:** 동일 연도에 초중고 학생 수를 비교하여 각 학급의 학생 수 비중을 파악합니다.
- **특이점 분석:** 학생 수가 급격하게 증가하거나 감소한 시기, 특정 학급에서 두드러지는 변화 등을 분석합니다.

2. 시각화 도구 선택:

- **Excel:** 간단한 차트나 그래프를 제작하기에 적합합니다.
- **Google Sheets:** 실시간 공유 및 협업이 가능하며, 다양한 차트 종류를 제공합니다.
- **Power BI:** 대규모 데이터를 시각화하고, 다양한 인터랙티브 기능을 활용할 수 있습니다.
- **Tableau:** 데이터 분석 및 시각화 전문 도구로, 정교하고 다양한 시각화를 구현할 수 있습니다.

3. 시각화 방법:

- **선 그래프:** 연도별 학생 수 변화를 가장 직관적으로 보여주는 방법입니다.
- **면적 그래프:** 각 학급별 학생 수 비중을 한눈에 파악하기 좋습니다.
- **막대 그래프:** 특정 연도의 학생 수를 비교하거나, 학급별 학생 수를 비교할 때 유용합니다.
- **원 그래프:** 전체 학생 수 대비 각 학급별 비중을 나타낼 때 효과적입니다.

4. 시각화 자료 예시:

- **연도별 학생 수 변화 선 그래프:** 초중고 학생 수 변화를 한 그래프에 나타내어 전체적인 추세를 파악하고, 각 학급별 변화를 비교합니다.
- **학급별 학생 수 비중 면적 그래프:** 매년 초중고 학생 수 비중 변화를 면적으로 나타내어 시각적으로 비교합니다.
- **특정 연도 학생 수 막대 그래프:** 특정 연도의 초중고 학생 수를 막대 그래프로 나타내어 학급별 학생 수를 비교합니다.

5. 수업 활용 방안:

- **학생 수 변화 원인 분석:** 학생 수 변화에 영향을 미치는 사회적, 경제적 요인을 함께 제시하고 학생들과 토론합니다.
- **미래 학생 수 예측:** 현재 추세를 바탕으로 미래 학생 수를 예측하고, 이에 따른 교육 시스템 변화에 대해 논의합니다.
- **다른 지역이나 국가와 비교:** 다른 지역이나 국가의 학생 수 변화와 비교하여 우리나라의 특징을 분석합니다.

6. 추가 제언:

- **인터랙티브 기능 활용:** 시각화 자료에 인터랙티브 기능을 추가하여 학생들이 직접 데이터를 탐색하고 분석할 수 있도록 합니다.
- **스토리텔링 기법 활용:** 데이터 시각화를 통해 이야기를 만들어 학생들의 흥미를 유발합니다.
- **다양한 시각화 도구 활용:** 학생들의 수준에 맞춰 다양한 시각화 도구를 활용하여 자료를 제작합니다.

이미지 분석 후 추가 제언

제공된 이미지를 분석하여 다음과 같은 추가적인 제언을 드립니다.

- **학령인구 감소 추세 강조:** 전체적으로 학령인구가 감소하는 추세를 강조하기 위해, 선 그래프의 기울기를 다르게 표현하거나, 감소하는 부분을 색깔로 구분하여 시각적으로 강조할 수 있습니다.
- **특정 시기 변화 부각:** 2000년대 초반과 후반의 학생 수 변화가 상대적으로 큰 차이를 보이는데, 이러한 부분을 확대하여 자세히 분석하고, 그 원인을 함께 제시할 수 있습니다.
- **초등학생 비중 변화 분석:** 초등학생 비중이 다른 학급에 비해 상대적으로 높은 편인데, 이러한 현상의 원인을 분석하고, 미래 교육 환경 변화에 대한 시사점을 제시할 수 있습니다.

최종 시각화 자료 예시

(이미지 첨부: 위에서 제시한 내용을 바탕으로 실제 시각화 자료 예시를 첨부합니다. 예시는 다양한 시각화 도구를 활용하여 제작될 수 있으며, 학생들의 수준과 관심사에 맞게 수정될 수 있습니다.)

결론

학생 수 변화 데이터를 시각화하여 학생들에게 다양한 교육적 의미를 제공할 수 있습니다. 위에서 제시된 방안과 예시를 참고하여 학생들의 이해도를 높이고, 흥미로운 수업을 만들어 보시기 바랍니다.

추가 문의사항

- 어떤 시각화 도구를 사용하는 것이 좋을지 궁금합니다.
- 특정 연도의 학생 수 변화에 대한 더 자세한 분석이 필요합니다.
- 학생들의 참여를 유도할 수 있는 활동을 제안해주세요.

현재 Copilot은 이미지를 업로드할 수 있다. Dale 3 서비스를 이용해서 이미지를 생성했다. 그런데 원하는 데이터가 아니다. 다양한 옵션으로 동일 질문으로 답변을 받았을 때 HTML 코드를 생성하는 과정이 나타나는데, 최종적으로는 나타나지 않았다. 이에 추가적으로 HTML 코드 생성을 요청해서 다음과 같은 그래프를 얻을 수 있다.

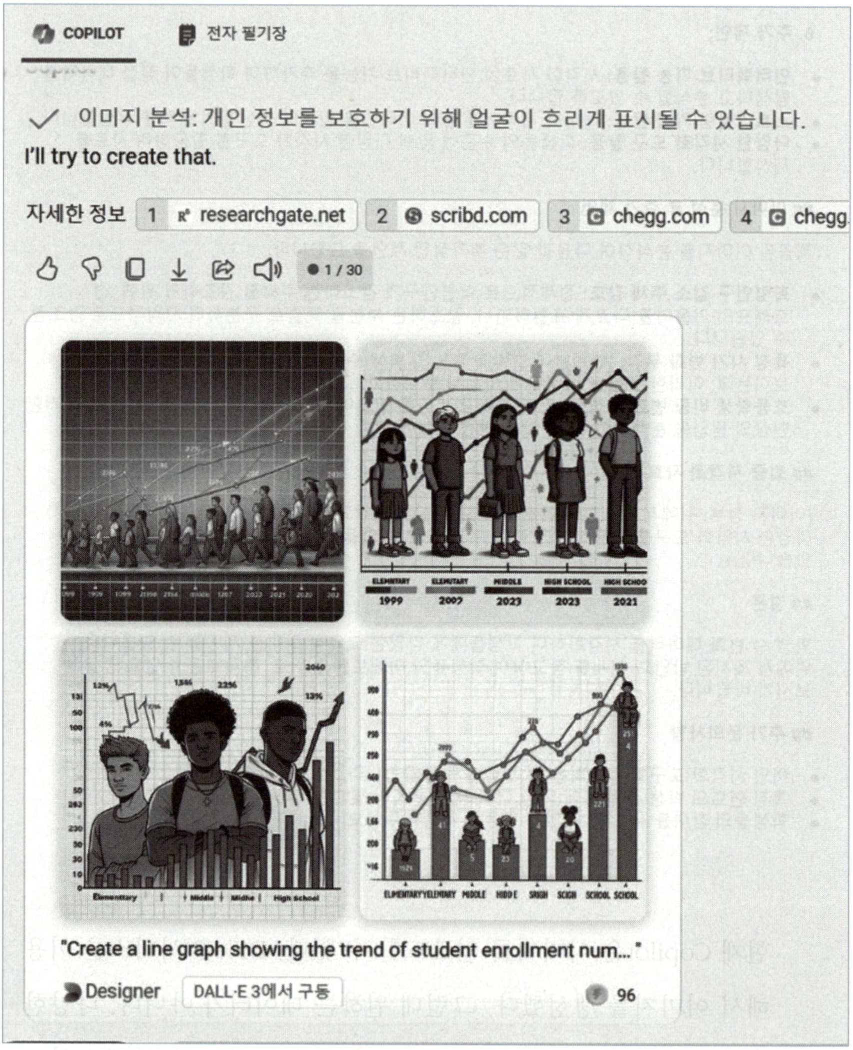

Copilot

✓ 이미지 분석: 개인 정보를 보호하기 위해 얼굴이 흐리게 표시될 수 있습니다.

✓ 답변 생성 중...

제공된 데이터를 바탕으로 1999년부터 2023년까지 초중고 학생 수 변화를 시각화한 자료를 만들었습니다. 아래 그래프는 각 연도별 초등학교, 중학교, 고등학교 학생 수의 변화를 보여줍니다.

!학생 수 변화 그래프

이 그래프는 각 학년별 학생 수가 어떻게 변화했는지를 한눈에 보여줍니다. 초등학교 학생 수는 1999년 이후로 점차 감소하는 추세를 보였으며, 중학교와 고등학교 학생 수도 비슷한 경향을 보였습니다.

이 자료를 수업 시간에 활용하여 학생들에게 인구 변화와 교육 정책의 영향을 설명할 수 있을 것입니다. 추가적인 분석이나 다른 자료가 필요하다면 언제든지 말씀해 주세요!

자세한 정보 | 1 usaletsgo.de | 2 alphabeta.argaam.com | 3 pubs.sciepub.com | +5 더 보기

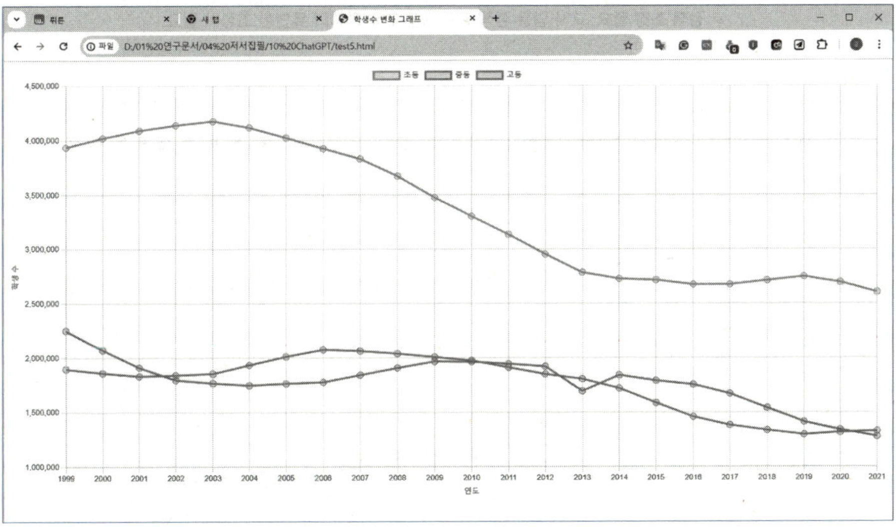

❺ 완성하기

AI의 다양한 기능 결과를 통합하여 결과를 완성한다

수업 내용 요약

1. 학생 수 변화

- **초등학교**: 1999년 약 3,935,537명에서 2021년 약 2,603,929명으로 감소.
- **중학교**: 1999년 약 1,896,956명에서 2021년 약 1,326,831명으로 감소.
- **고등학교**: 1999년 약 2,251,140명에서 2021년 약 1,278,269명으로 감소.

2. 교사 임용 정책

- **교사 수요 변화**: 학생 수 감소에 따라 교사 수요도 감소할 가능성이 큼.
- **정책 대응**: 교사 임용 정책은 학생 수 변화에 맞춰 조정되어야 함.
  - **교사 재교육**: 기존 교사들의 재교육 및 재배치 필요.
  - **임용 시험 조정**: 교사 임용 시험의 합격자 수 조정.
  - **교사 복지 강화**: 교사들의 직업 안정성과 복지 강화.

3. 결론

- **학생 수 감소**: 전반적인 학생 수 감소는 교육 정책에 큰 영향을 미침.
- **정책 조정 필요**: 교사 임용 정책을 포함한 교육 정책의 유연한 조정이 필요.

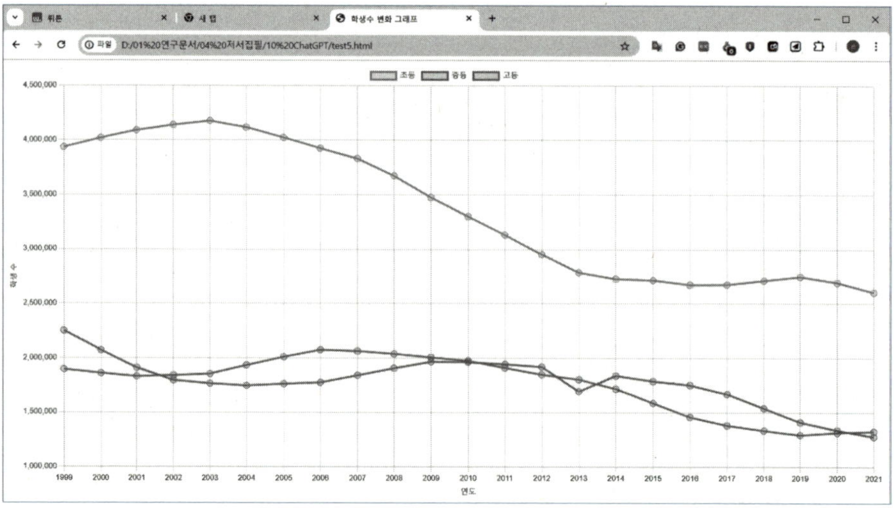

제5장 요약

빅데이터 분석 교육자료 만들기

– 전통적인 빅데이터 처리 과정으로 만들기: 자료 수집, 데이터 전처리, 스프레드시트 그래프 작업, 문서 처리 작업의 과정을 통해 교육자료 만들기

학생 수 변화와 교사 임용 정책 예상

종단 데이터를 살펴보고 여러분의 의견을 적어 보세요.

최근 20년간 중 · 고교 학생 수 변화

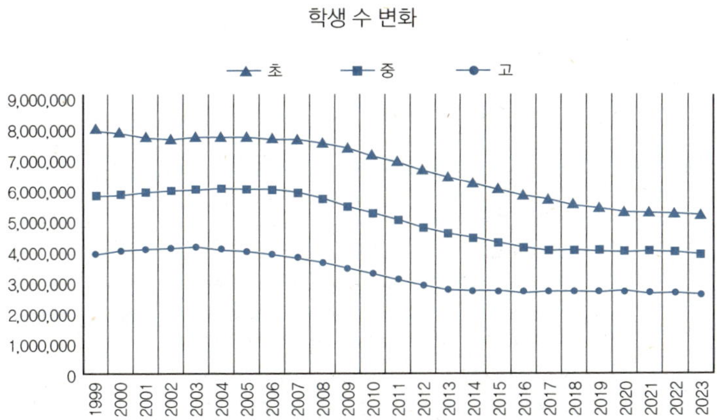

새롭게 알게 된 내용을 적으세요.

-
-
-
-

더 찾아봐야 할 사항

-
-
-
-

임용 준비 방안

-
-
-
-

생성 AI 활용 교육자료 만들기

– 전통적인 빅데이터 처리 과정 중 AI를 활용할 수 있는 부분을 대체해 보기

수업 내용 요약

1. 학생 수 변화

- **초등학교**: 1999년 약 3,935,537명에서 2021년 약 2,603,929명으로 감소.
- **중학교**: 1999년 약 1,896,956명에서 2021년 약 1,326,831명으로 감소.
- **고등학교**: 1999년 약 2,251,140명에서 2021년 약 1,278,269명으로 감소.

2. 교사 임용 정책

- **교사 수요 변화**: 학생 수 감소에 따라 교사 수요도 감소할 가능성이 큼.
- **정책 대응**: 교사 임용 정책은 학생 수 변화에 맞춰 조정되어야 함.
  - **교사 재교육**: 기존 교사들의 재교육 및 재배치 필요.
  - **임용 시험 조정**: 교사 임용 시험의 합격자 수 조정.
  - **교사 복지 강화**: 교사들의 직업 안정성과 복지 강화.

3. 결론

- **학생 수 감소**: 전반적인 학생 수 감소는 교육 정책에 큰 영향을 미침.
- **정책 조정 필요**: 교사 임용 정책을 포함한 교육 정책의 유연한 조정이 필요.

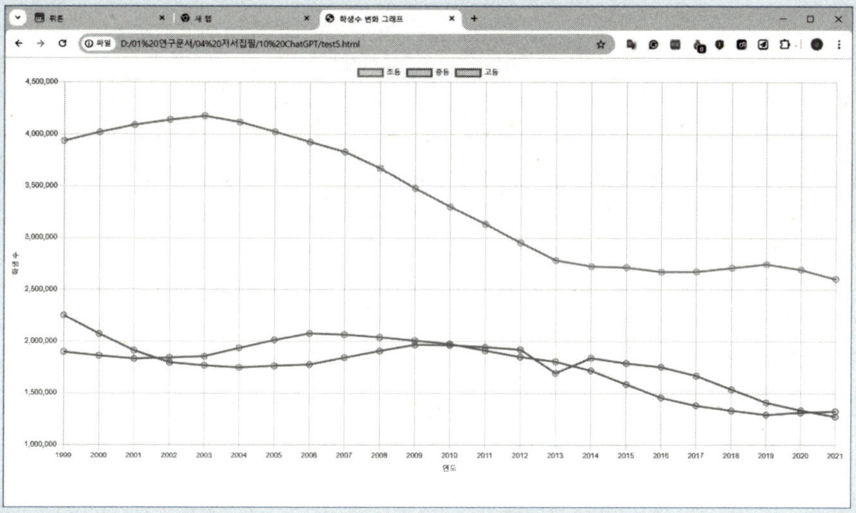
학생수 변화 그래프
D:/01%20연구문서/04%20저서집필/10%20ChatGPT/test5.html
초등
중등
고등
4,500,000
4,000,000
3,500,000
3,000,000
2,500,000
2,000,000
1,500,000
1,000,000
학생수
1999
2000
2001
2002
2003
2004
2005
2006
2007
2008
2009
2010
2011
2012
2013
2014
2015
2016
2017
2018
2019
2020
2021
연도

제5장 연습문제

1. 전통적 빅데이터 처리 과정으로 관심 주제 영역의 교육자료를 만들어 보시오.

2. 생성 AI 활용 교육자료를 만들 때 자신의 관점에서 가장 좋은 AI 툴을 제시하고 그 이유를 다른 툴과 비교해 제시하시오.

MEMO

제6장

AI Tools 활용 프레젠테이션 만들기

1. ChatGPT 활용 PPT 만들기
2. Gamma 활용 PPT 만들기

1 ChatGPT 활용 PPT 교육자료 만들기

프레젠테이션은 교육이나 사업현장에서 정보나 내용 전달을 위한 수단이 된다. 이를 위해 전통적으로 파워포인트를 많이 활용해 왔다. 최근 MS에서는 파워포인트 등의 오피스군에 Copilot을 연동하는 유료 서비스를 출시하였다. 가까운 미래에는 일상화가 되겠지만, 이번 절에서는 전통적으로 파워포인트를 작성하는 과정에서 다양한 생성형 AI Tools(예: ChatGPT)의 도움을 받을 수 있는 부분과 장단점을 직접 체험해 보자.

성공적인 교육활동을 위해 특정한 교육 주제에 대해 인터넷이나 다양한 자료를 수집하는 것이 필요하다. 이를 체험하기 위해 구체적인 주제를 선정해서 기존에 있는 교육자료들을 탐색하여 샘플 교육 콘텐츠를 제작해 보자.

- 미션: '나일주 교수의 인간 시각 지능 이론' 소개를 위한 슬라이드를 제작하시오.

- 조건:

1. 관련 주제에 대한 이미지, 소리, 영상자료 탐색, 저장해서 기본자료로 활용하시오.
2. 발표 시간은 5분을 가정하고 5장의 슬라이드를 만드시오.
3. ChatGPT나 유사한 서비스를 활용해서 개요를 작성하고 자신의 상황에 맞게 수정하여 활용하시오.

4. 슬라이드별로 내용과 맥락에 맞는 생성형 AI에서 만든 그림을 넣으시오.

● 결과물 예시

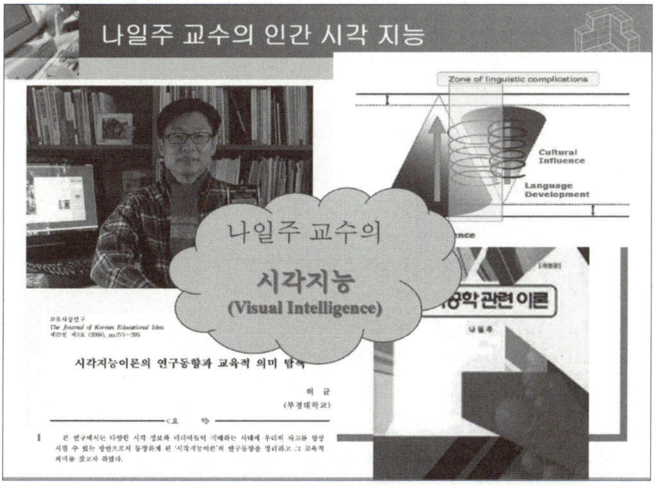

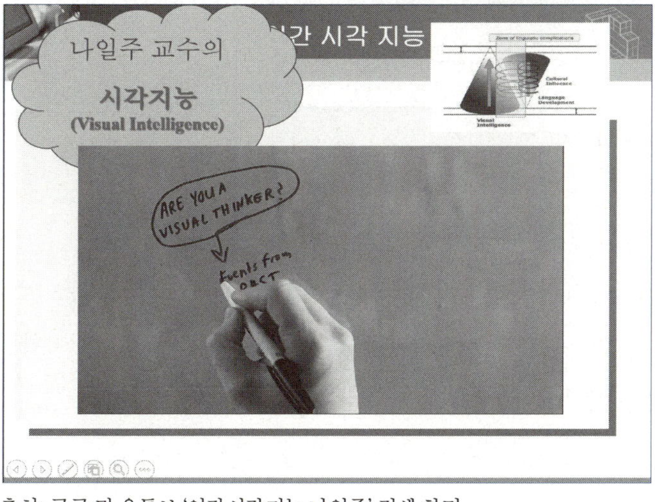

출처: 구글 및 유튜브 '인간시각지능 나일주' 검색 화면.

실행순서

◈ 전통적 접근 방식

검색-이미지/영상-저장

❶ 인터넷자료 검색과 수집하기

구글, 네이버 등의 자료를 통해 원하는 자료를 검색한다.

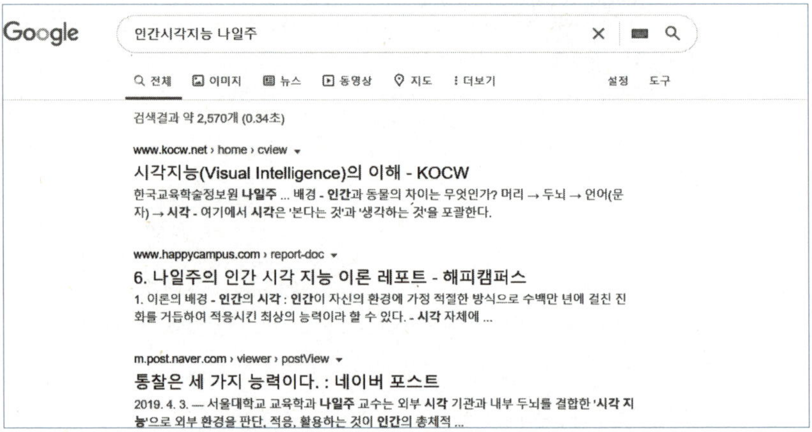

출처: 구글 및 유튜브 '인간시각지능 나일주' 검색 화면.

❷ 이미지 검색과 저장하기

필요한 이미지를 일상에서 발견할 수 있다면 스마트폰으로 사진을 찍으면 된다. 인터넷 검색에서 원하는 이미지는 선택해서 저장한다. 활용 시에는 저작권에 유의하고 출처를 밝힌다.

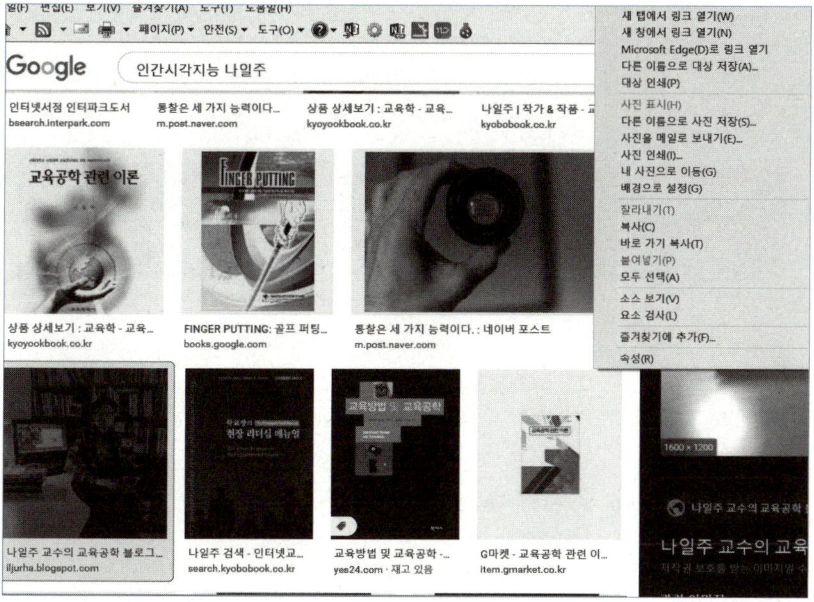

출처: 구글 '인간시각지능 나일주' 검색 화면.

❸ 영상 검색과 저장하기

시각 지능과 관련이 있을 영상을 인터넷에서 찾는다. 영상의 주소를 기억해 놓으면 수업 중에 활용할 수 있다. 하지만 인터넷은 계속 변할 수 있어 영상을 저장해 놓는 것도 교육자료를 관리하는 데 좋은 방안이 될 수 있다.

영상 검색은 구글, 네이버, 유튜브, 카카오TV, 네이버TV 등의 서비스에서 검색어만으로도 다양한 영상을 살펴볼 수 있다. 특히 카카오 TV는 다양한 영상뿐만 아니라 실시간으로 이뤄지는 라이브, 채널 등의 자료들까지 활용할 수 있다.

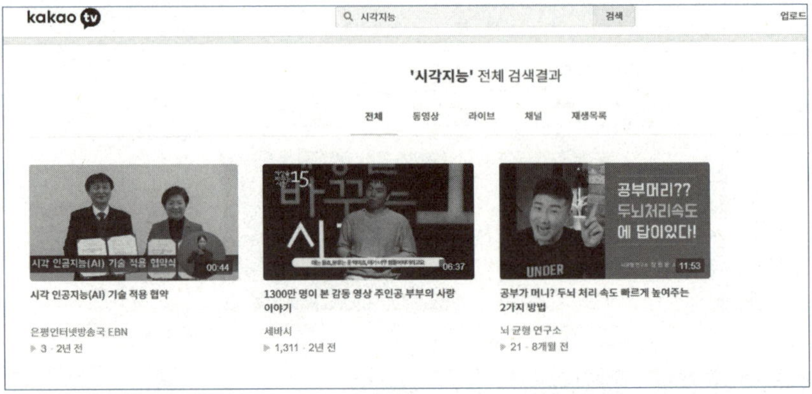

출처: 카카오TV 영상 검색 시 화면.

네이버 TV 역시 다양한 동영상 콘텐츠, 채널, 라이브 등의 서비스를 운영해 오고 있다.

출처: 네이버TV 영상 검색 시 화면.

유튜브 영상이라면 다음과 같이 저장해서 수업 시간에 활용할 수 있다.

먼저, 적절한 영상을 검색한다. 여기서는 'visual intelligence' 검색 결과로 나온 유튜브 영상을 저장하고자 한다.

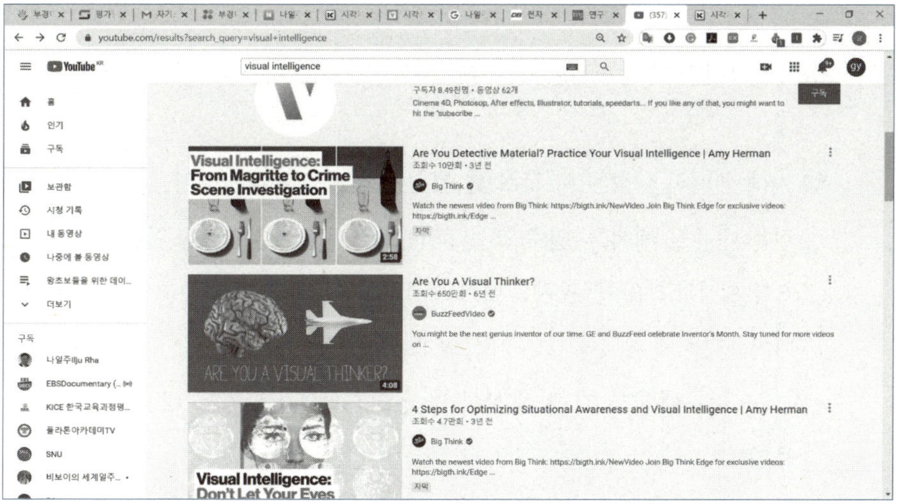

다음으로 선택한 영상의 내용을 확인한다.

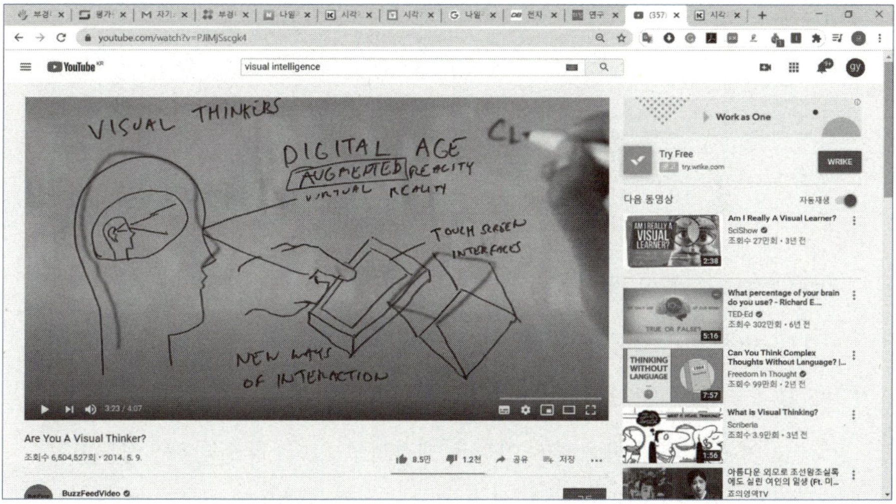

◈ AI 활용 접근 방식

검색－이미지/영상－저장

❶ 검색 엔진이 장착된 AI Tools를 통한 인터넷자료 검색하기

- 질문 내용을 예시("나일주 교수의 인간시각지능 이론 발표를 위한 슬라이드를 제작하고 있어. 관련된 이미지, 소리, 영상 등을 찾아 주고 발표 아이디어를 제시해 줘.")와 같이 자신의 목적에 맞게 넣어 본다.
- ChatGPT 엔진과 검색 엔진이 장착된 Copilot에 질문 내용을 넣어 본다.

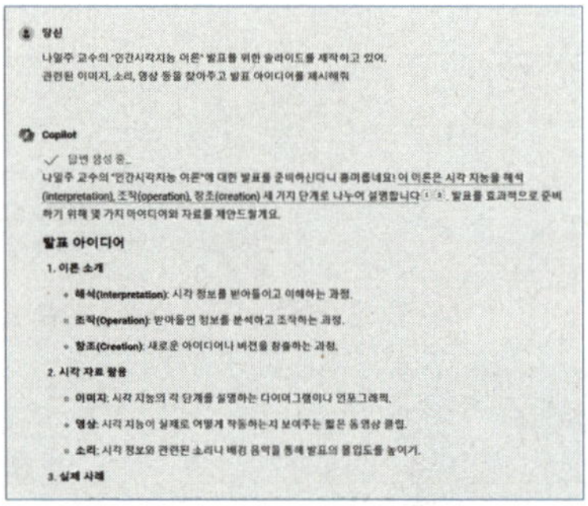

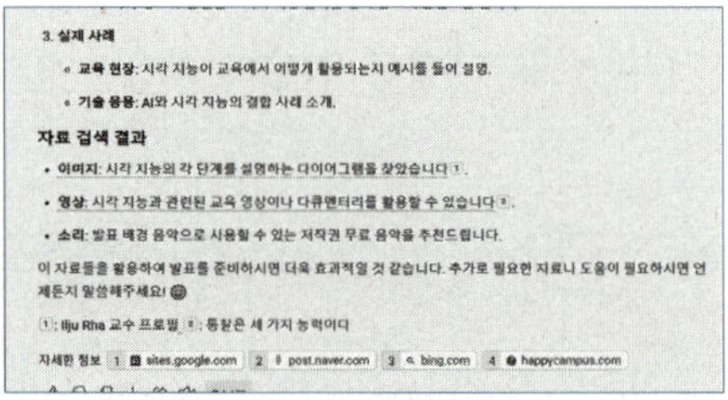

* 하단의 자세한 정보를 통해 관련 사이트 주소를 제공하고 있다. 대화 스타일에 따라 조금 다른 형태의 결과를 제공하니 확인하자.

❷ ChatGPT나 AI 관련 툴로 전체 개요 짜기/PPT 요청하기

- ChatGPT나 AI 관련 툴로 전체 개요를 요청한다. 질문 내용을 예시("너는 전문 파워포인트 제작자라고 가정해. 나일주 교수의 인간시각지능 이론에 대해 발표 슬라이드를 제작하고 있어. 발표는 5분 정도이고 슬라이드는 5장이 필요해. 각 슬라이드에 들어가야 할 내용을 구체적으로 파워포인트를 작성해 줘. 슬라이드 내용은 주로 인간시각지능에 대한 구체적인 내용으로 구성해 줘. 처음은 타이틀, 마지막은 마지막 한마

디와 Q & A로 구성해. 이를 파워포인트 파일로 제시해 줘.")와 같이 자신의 목적에 맞게 프롬프트를 입력한다.

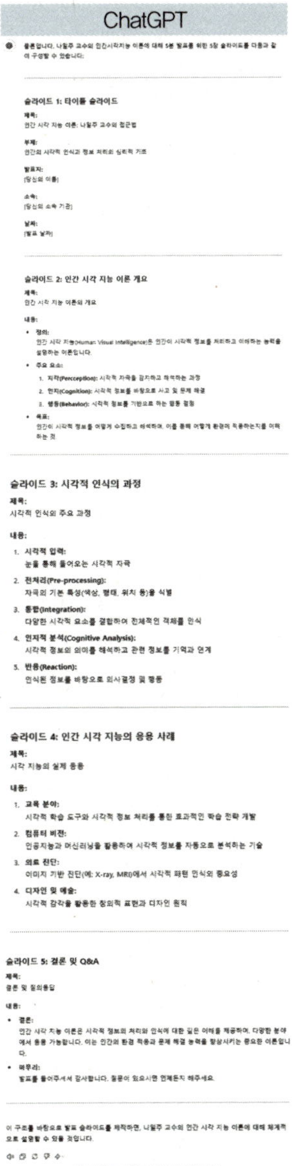

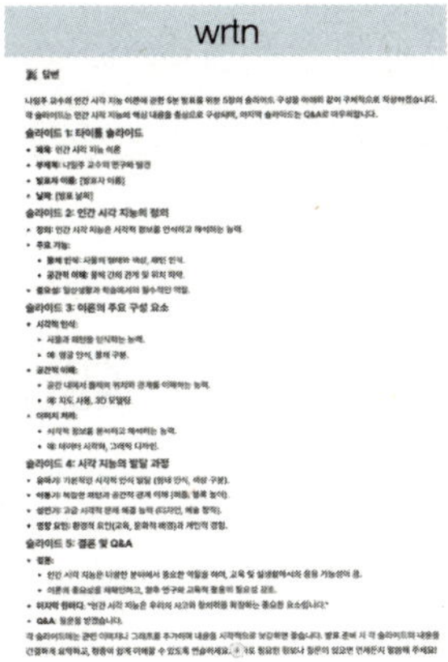

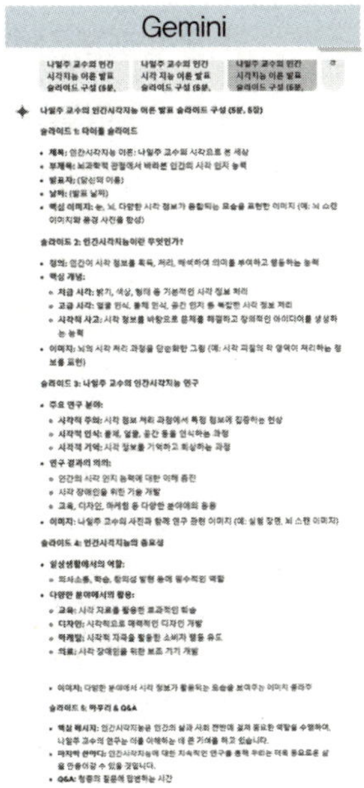

✍ 앞의 예시에서는 ChatGPT, wrtn, Gemini의 예시 사례를 제시하고 있다. 각 AI 서비스에서 세부적으로 추가 질문 여부와 스타일 선택 등의 옵션에 따라 다양한 형태가 나타난다. 이를 확인해 보고 자신의 생각과 유사한 결과를 활용해 보자.

✍ GPT-4o 버전은 파워포인트 파일도 생성해 준다. 파일을 열어 보면 다음과 같다.

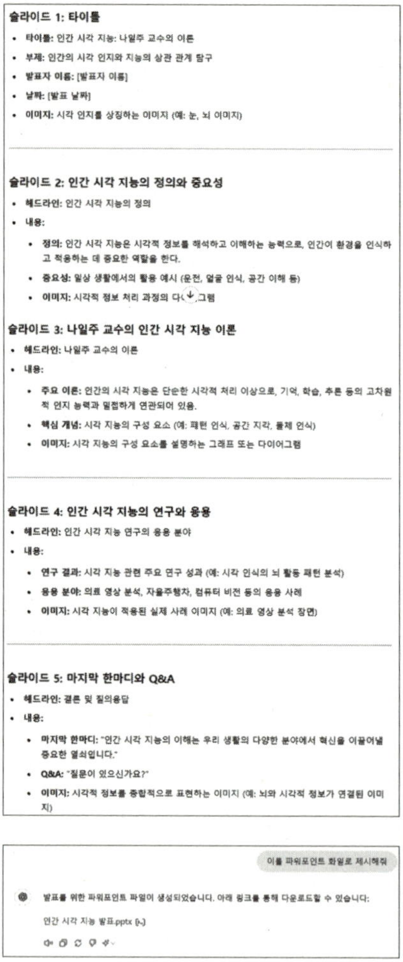

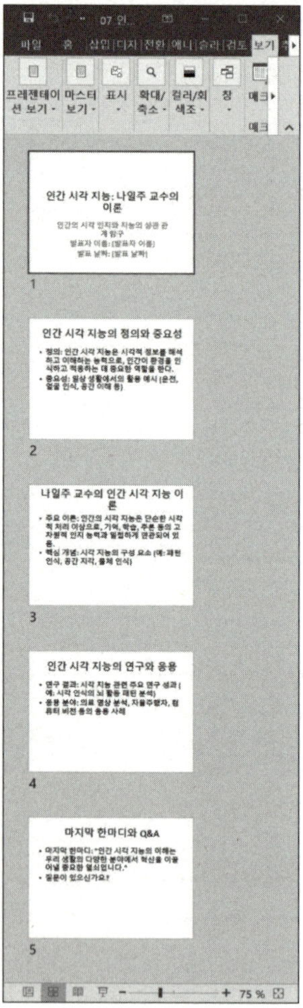

✍ 내용을 수정할 수 있으며, 프롬프트를 변경하면 새롭게 생성 가능하다.

❸ 슬라이드별로 맞는 이미지 생성하기

✍ 이미지 생성 프롬프트를 요청한다. ChatGPT에게 "각 슬라이드마다 적절한 이미지를 Bing 이미지 크리에이터에서 생성할 수 있도록 프롬프트를 작성해 줘."와 같이 요청한다.

슬라이드 1: 타이틀

프롬프트:

"A visually striking image that represents human visual intelligence, featuring an abstract depiction of a human eye connected to a brain, symbolizing the link between vision and cognitive processing. The design should be modern, with a focus on blue and white tones, incorporating subtle light effects to enhance the futuristic feel."

슬라이드 2: 인간 시각 지능의 정의와 중요성

프롬프트:

"An illustration showing the process of visual information processing in the human brain. The image should include a human face with an overlay of lines and nodes representing the flow of visual data from the eyes to the brain. The background should be a simple, gradient blue that emphasizes the complexity of visual cognition."

슬라이드 3: 나일주 교수의 인간 시각 지능 이론

프롬프트:

"A diagram-like image that breaks down the components of human visual intelligence. The illustration should include elements such as pattern recognition, spatial awareness, and object recognition, depicted in an interconnected network. The style should be clean and scientific, with a focus on clarity and simplicity."

슬라이드 4: 인간 시각 지능의 연구와 응용

프롬프트:

"An image showing the practical applications of human visual intelligence research. The visual should include examples like medical image analysis, autonomous vehicles, and computer vision, all interconnected within a network of human brain imagery. The design should be futuristic and technology-driven, using cool tones with highlights."

슬라이드 5: 마지막 한마디와 Q&A

프롬프트:

"A conceptual image that encapsulates the synthesis of human visual intelligence, with an open-ended, thought-provoking design. The visual should include a human brain with light beams extending outward, symbolizing innovation and discovery. The background should be dark with glowing elements to emphasize the importance of vision in human advancement."

Bing 이미지 크리에이터로 이동한다(다양한 이미지 생성 AI가 있으니 탐색해 보자).

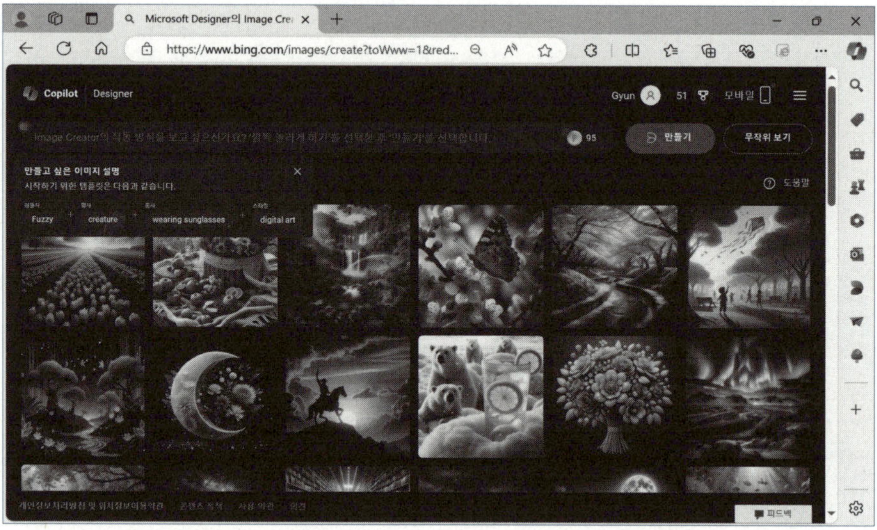

인간시각지능 관련 슬라이드 번호별로 생성된 이미지 예시는 다음과 같다.

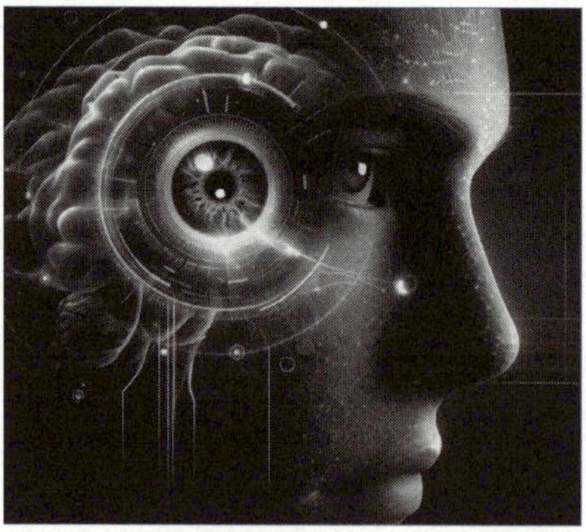

슬라이드 1

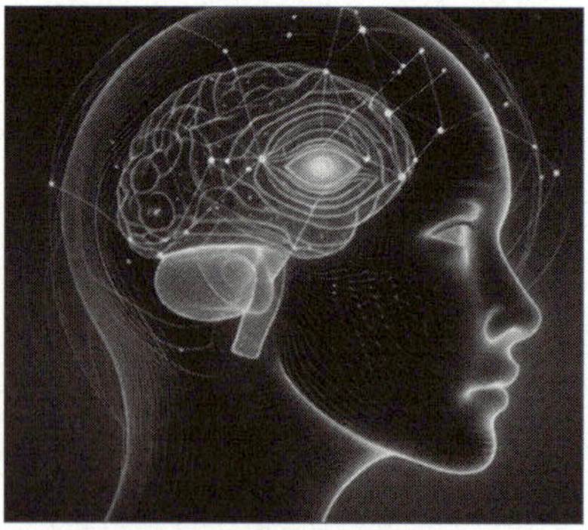

슬라이드 2

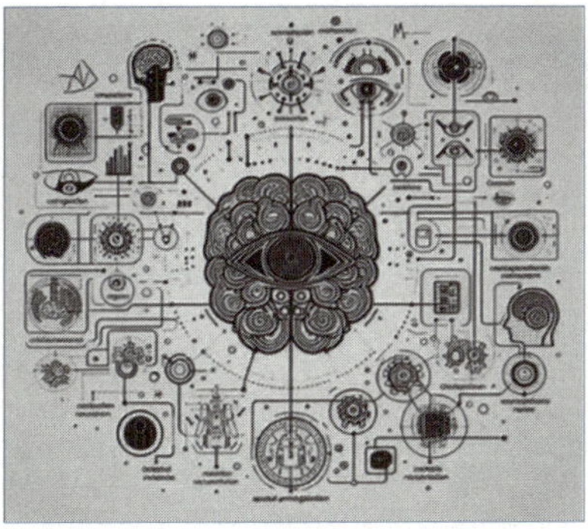
슬라이드 3

슬라이드 4

슬라이드 5

❹ 파워포인트로 편집하기

준비된 파워포인트와 생성된 이미지 등을 조합하여 교육자료를 적절히 구성한다. 파워포인트의 다양한 기능을 활용하여 효과적으로 전달할 수 있게 편집한다. 다양한 자료를 여러분 나름대로 개성 있게 제시해 보자.

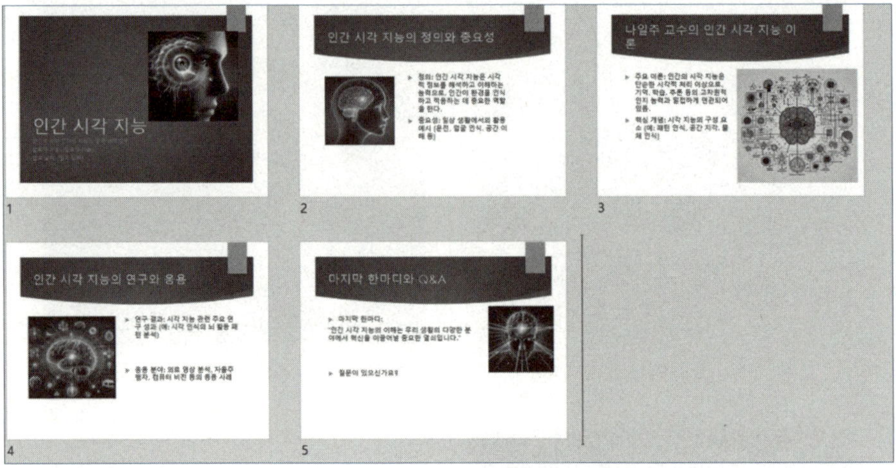

❺ 완성하기

편집 완료된 자료를 [PPT 문서]로 저장해서 완성한다.

<table>
<tr><td>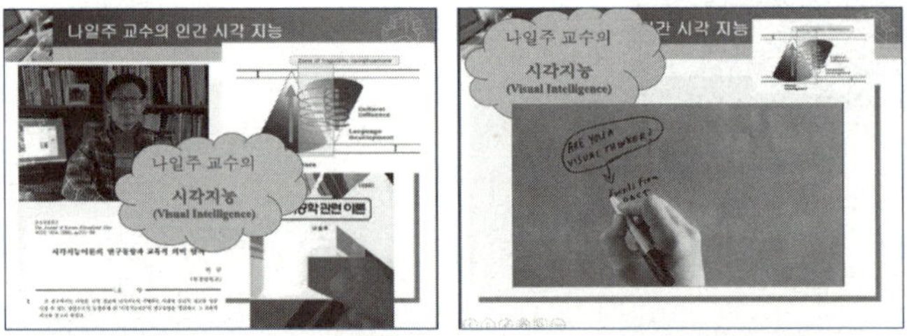
</td><td>인터넷 및
오프라인의
수집자료로
교육자료 구성</td></tr>
<tr><td>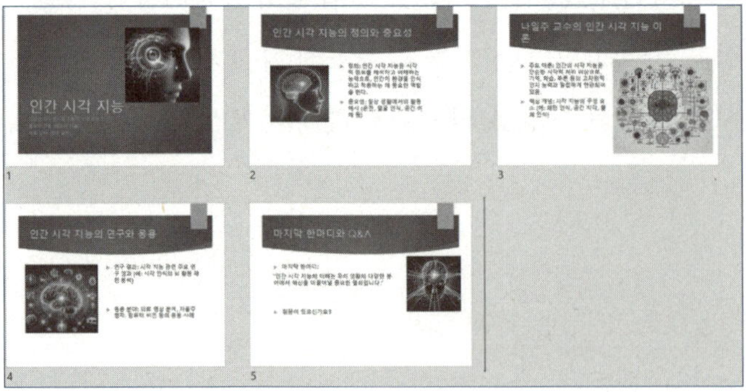
</td><td>생성형 AI 내용 구성
AI 생성 이미지 활용
교육자료 구성</td></tr>
</table>

2 Gamma 활용 PPT 만들기

Gamma 인공지능 서비스를 활용하여 PPT나 문서, 웹페이지를 생성할 수 있다. Gamma(https://gamma.app)에서 이용할 수 있으며, 가입 시 기본적인 크레디트로 무료로 경험할 수 있다.

이번 절에서는 Gamma를 체험해 보고 여러 유용한 기능을 익히며 미션을 수행해 보자.

- 미션: '나일주 교수의 인간시각지능 이론' 소개를 위한 Gamma를 활용하여 슬라이드를 제작하시오.

- 조건:

1. 발표 시간은 5분을 가정하고 5장의 슬라이드를 만드시오.
2. 한 번은 앞 절의 과정에서 생성된 개요를 텍스트로 해서 만들어 보시오.
3. 생성형으로 슬라이드를 제작하시오.
4. 필요하다면 내용을 수정, 편집해서 완성하시오.

- 결과물 예시(일부)

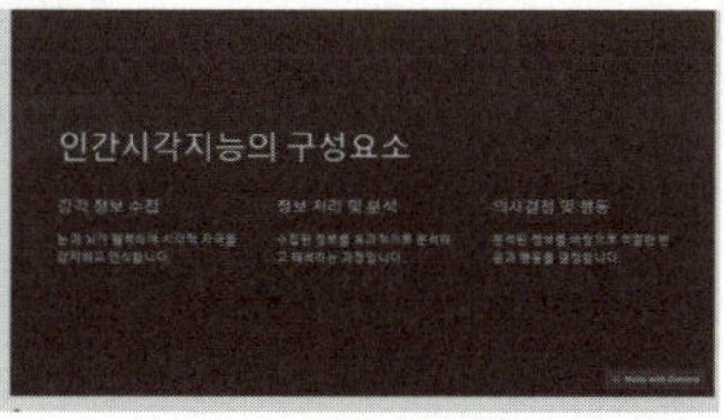

실행순서

❶ Gamma 접속/로그인하기

Gamma(https://gamma.app)에 접속한다. 오른쪽 상단의 언어 설정을 한국어로 선택하면 우리에게 친숙한 화면을 볼 수 있다.

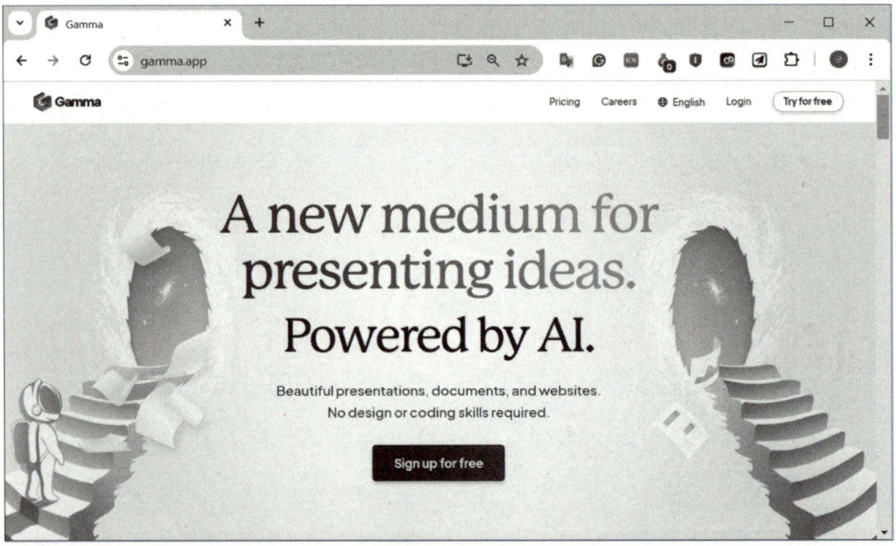

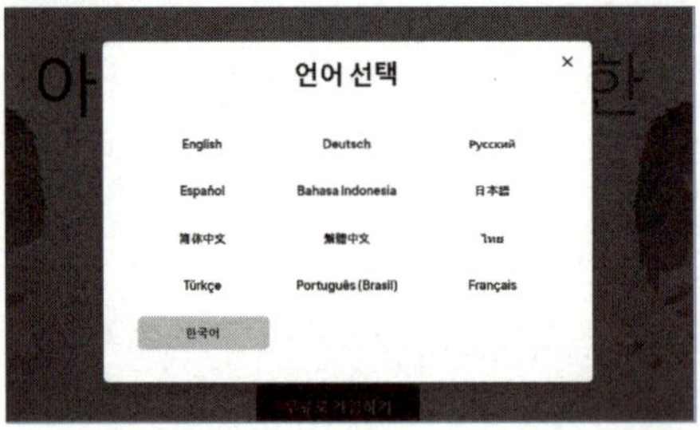

⊿ 구글 계정으로 로그인한다.

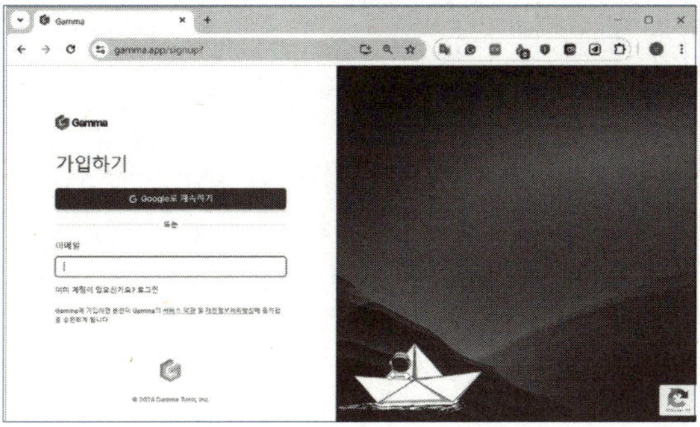

❷ '새로 만들기' 선택하기

다음의 왼쪽 그림처럼 상단의 '새로 만들기(AI)'를 선택하면 우측 새로 만들기 창이 나타난다.

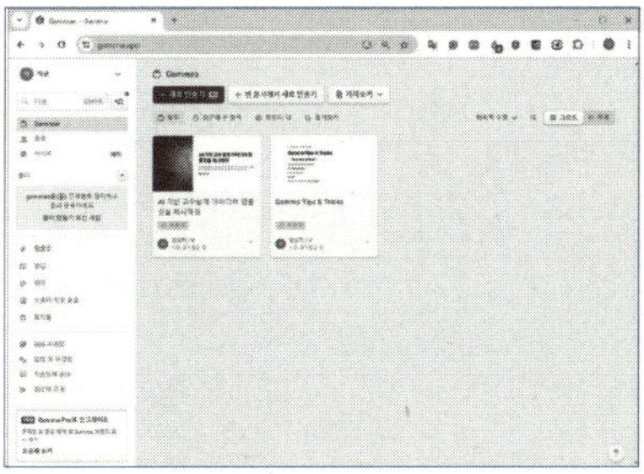

❸ 생성형 PPT 만들기

⊿ 개요를 생성한다. 앞에서 만들어 놓은 프롬프트를 복사해서 넣어 보자.

너는 전문 파워포인트 제작자라고 가정해. 나일주 교수의 인간시각지능 이론에 대해 발표 슬라이드를 제작하고 있어. 발표는 5분 정도이고 슬라이드는 5장이 필요해. 이를 위한 각 슬라이드 들어가야 할 내용을 구체적으로 파워포인트를 작성해 줘. 슬라이드 내용은 주로 인간시각지능에 대한 구체적인 내용으로 구성해 줘. 처음은 타이틀, 마지막은 마지막 한마디와 Q & A로 구성해.

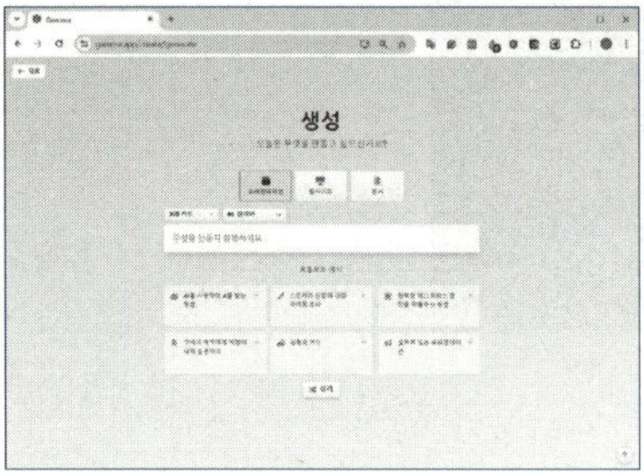

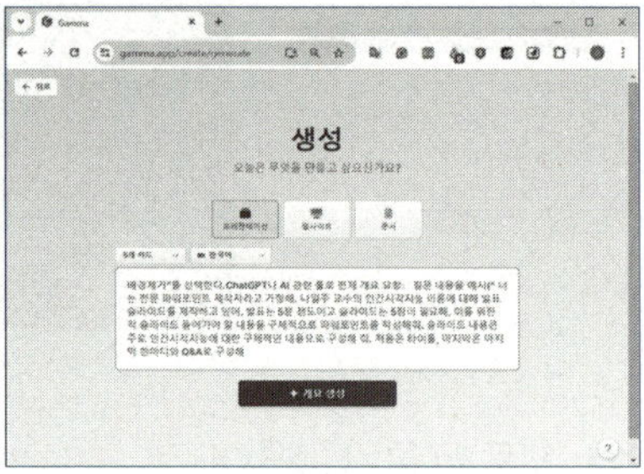

개요 생성 과정 설정

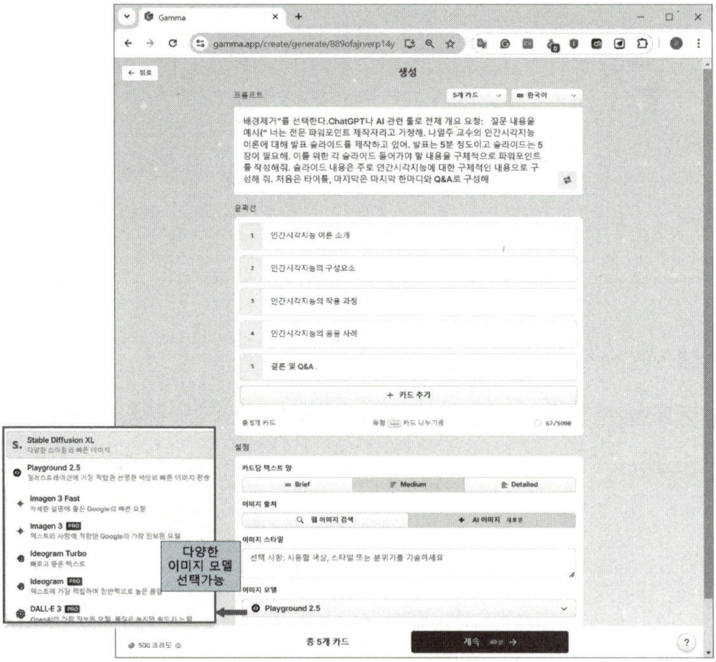

기타 테마 설정 지정

Gamma
gamma.app/create/generate/889ofajrverp14y
뒤로
테마 선택
생성
테마 섞기
어두운
밝게
전문가
화려한
몇 초 만에 나만의 테마를 만드세요
사용자 지정 테마는 간단하게 만들 수 있습니다. 색상, 글꼴 및 로고를 추가하기만 하면 됩니다.
사용자 지정
제목입니다
테마 미리보기입니다
제목
본문 및 링크
Pearl
Vortex
새로운
Chisel
Stardust
Seafoam
Nebulae
Creme
Lux

❹ 편집하기

- 자동 완성된 내용을 다양한 기능을 통해 수정, 편집이 가능하다.
- 슬라이드 좌측 상단 부분을 보면, '카드 스타일 지정'으로 배치 형식이나 스타일을 수정하는 부분과 'AI 편집'으로 정글 쓰기, 번역, 레이아웃, 시각화 등의 정교한 수정을 하는 부분이 있다. 채팅창을 통해 구체적으로 수정 부분을 요구하며 편집할 수도 있다.

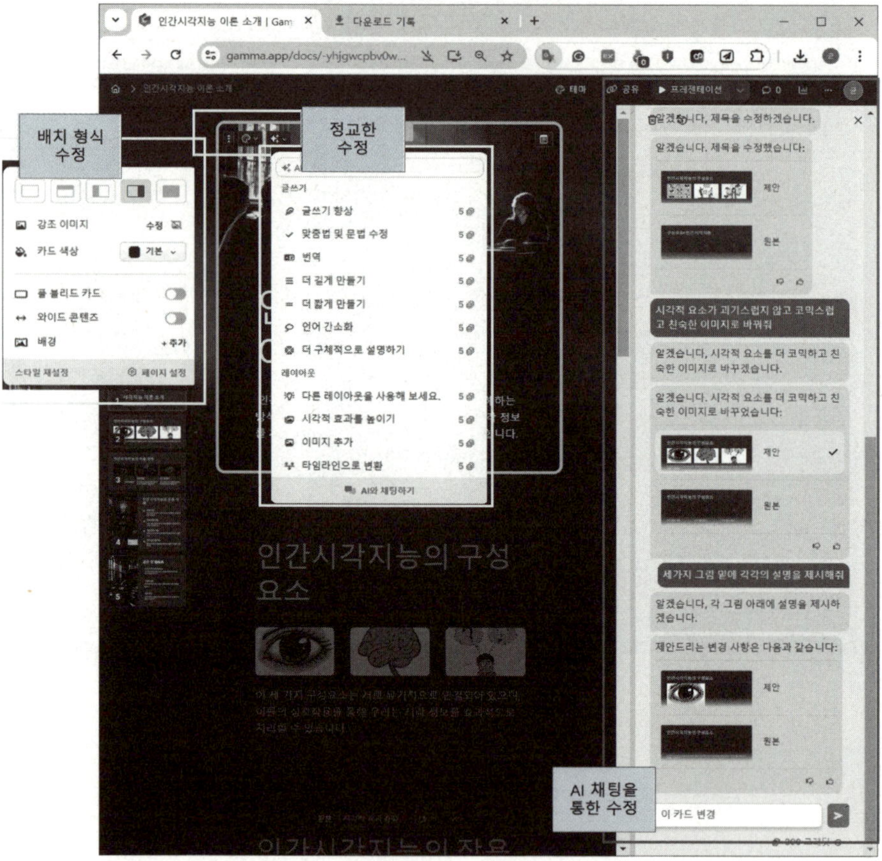

❺ 완성하기

편집 완료된 자료를 [PPT 문서]로 저장해서 완성한다.

제6장 요약

ChatGPT를 활용하여 PPT 교육자료 만들기

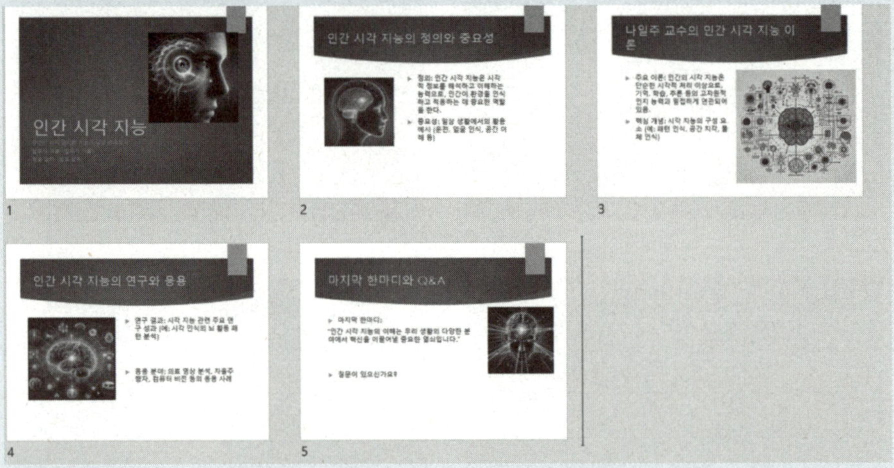

Gamma를 활용하여 PPT 만들기

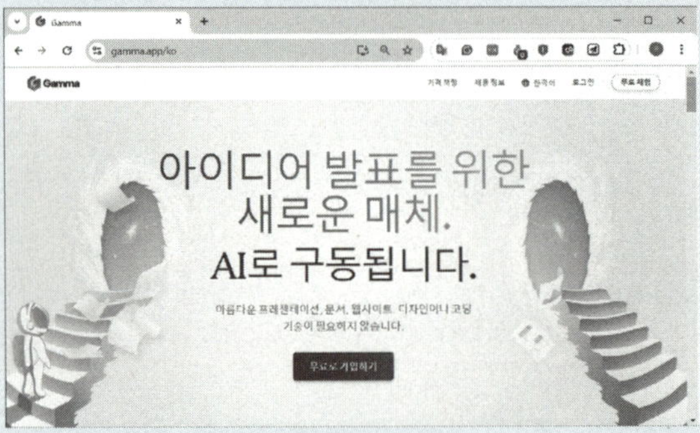

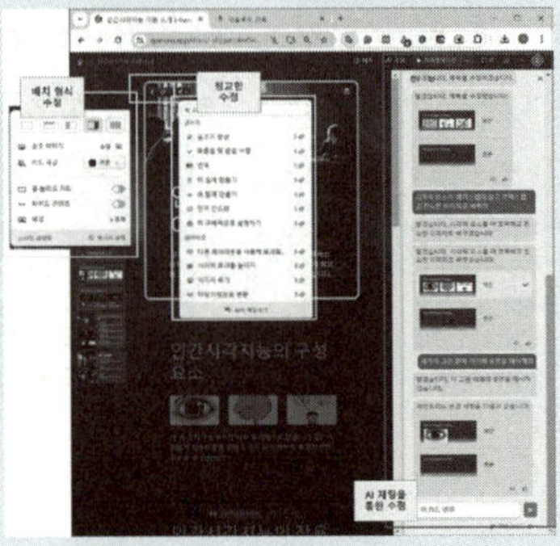

제6장 연습문제

1. 전통적 PPT를 만드는 데 ChatGPT 활용 시 장단점에 대해 세 가지씩 기술해 보시오.

2. Gamma를 활용 시 ChatGPT 활용과 대비해서 장단점에 대해 세 가지씩 기술해 보시오.

MEMO

제7장 음악/영상 생성 AI 도구 활용

1. 음악 생성 AI 활용하기

2. 영상 생성 AI 활용하기

1 음악 생성 AI 활용하기

AI 툴을 활용하여 음악 생성을 도전해 보자. 인공지능은 우리의 새로운 잠재력을 깨울 수 있게 도와줄 것이다.

● 미션: 'AI 교육 수업 Song'을 제작하시오.

● 조건:

1. ChatGPT나 기타 툴을 활용하여 가사를 만드시오.
2. 음악 스타일을 지정해 보시오(예: 발라드, K-POP, 여성 또는 남성 목소리).
3. SUNO 기능을 익히시오.
4. 완성된 음악을 mp4 파일로 만드시오.

● 결과물 예시(일부)

실행순서

❶ 가사 만들기: ChatGPT, Gemini 등의 AI 관련 툴로 가사 만들기

- 부경대 AI 교육 활용 수업과 관련된 1분짜리 작사를 해 달라고 요청한다.
- Gemini를 활용하여 요청하였고, 그 결과는 다음과 같다.

개선된 가사 (AI 교육 광고)

원문: 우연히 들은 AI 강의 한 줄 / 잠자던 내 안의 재능을 깨웠네

수정 후: 우연히 들은 허균 교수님의 AI 실습 / 잠자던 내 안의 재능을 깨웠어

수정 이유:

- **구체성 강화:** '허균 교수님의 AI 실습'으로 구체적인 경험을 언급하여 공감대를 형성하고, 교육 프로그램에 대한 신뢰도를 높입니다.
- **어미 수정:** '깨웠네'를 '깨웠어'로 변경하여 더욱 직접적이고 강한 어감을 살렸습니다.

전체 가사 (수정 부분 강조)

[Verse A]
우연히 들은 **허균 교수님의 AI 실습** / 잠자던 내 안의 재능을 **깨웠어**
새로운 세상, 펼쳐진 기회 / 두려움 없이 나아가 볼까

[Chorus]
부경대를 넘어 더 넓은 세상으로
나의 꿈을 향해 날아오르자
AI와 함께라면 못할 게 없어
새로운 나를 만들어 가
(Yeah, yeah)

[Verse B]
넘치는 에너지, 어디에 쓸까
고민하던 나에게 빛이 되었네
AI 교육, 나의 새로운 시작
세상을 바꿀 나만의 도전

[Chorus]
부경대를 넘어 더 넓은 세상으로
나의 꿈을 향해 날아오르자
AI와 함께라면 못할 게 없어
새로운 나를 만들어 가
(Yeah, yeah)

[Verse A]
우연히 들은 **허균 교수님의 AI 실습** / 잠자던 내 안의 재능을 **깨웠어**
새로운 세상, 펼쳐진 기회 / 두려움 없이 나아가 볼까

[Chorus]
부경대를 넘어 더 넓은 세상으로
나의 꿈을 향해 날아오르자
AI와 함께라면 못할 게 없어
새로운 나를 만들어 가
(Yeah, yeah)
[End]

수정된 가사를 통해 더욱 구체적이고 설득력 있는 메시지를 전달할 수 있습니다.

추가적으로, 다음과 같은 부분을 고려하여 가사를 더욱 풍부하게 만들 수 있습니다.

- **AI 교육의 구체적인 내용:** 어떤 AI 기술을 배우고, 어떤 프로젝트를 진행했는지 언급하여 공감대를 형성합니다.
- **교수님의 역할:** 허균 교수님의 강의가 어떻게 도움이 되었는지 구체적인 경험을 녹여냅니다.
- **미래 비전:** AI 교육을 통해 이루고 싶은 꿈이나 목표를 명확하게 제시합니다.

예시:

- **수정:** 우연히 들은 허균 교수님의 딥러닝 실습 / 잠자던 내 안의 개발자를 깨웠어
- **수정:** 허균 교수님 덕분에 AI로 나만의 서비스를 만들 수 있다는 자신감을 얻었어

위와 같이 다양한 표현을 활용하여 가사를 풍성하게 만들고, 청중에게 더 큰 감동을 줄 수 있습니다.

궁금한 점이 있다면 언제든지 질문해주세요.

프롬프트의 예시는 다음과 같다. "너는 전문 음악 작곡가야. 1분 곡을 작사해 줘. 장르는 TV 선전광고, 구조는 AABA, 감정톤은 같이 열심히 해서 성공하자는 톤, 내용은 '우연히 관심을 가져서 듣게 된 허균 교수님의 AI 교육 실습이 나의 잠자고 있는 역량을 자극해서 새로운 도전을 할 수 있는 단초가 되었다. 나의 넘치는 에너지를 한번 도전해 보고 싶다. 부경대를 넘어 더 넓은 세계로 나가자.' 라고 구성해 줘. 구성 표시 부분은 [ ] 안에 영어로 작성, 가사는 간결하게 작성해 줘. 노래 끝에는 [End]를 붙여 줘."

❷ SUNO 음악 작곡 프로그램 접속/로그인하기

- SUNO(suno.com)로 이동한다.
- 'Create a Song'을 클릭하면, 아래 오른쪽 캡처 화면처럼 나타난다. 구글 계정 로그인으로 클릭하면 쉽게 로그인할 수 있다.

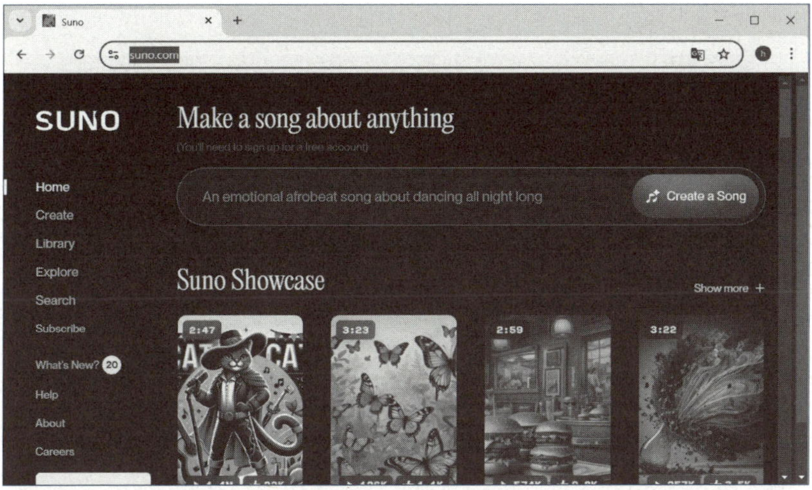

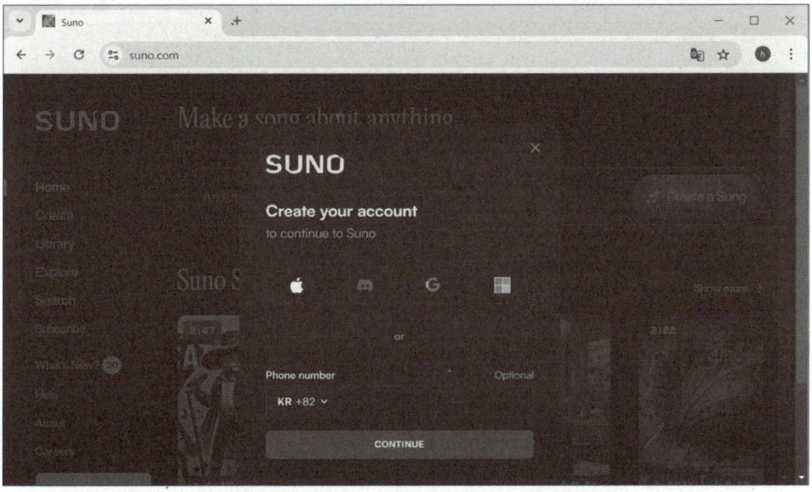

❸ SUNO 작곡 만들기(Create) 버튼 선택하기

로그인 후 기본 화면을 다음과 같이 영문으로 제시된 것을 구글 번역을 활용하여 쉽게 한글로 볼 수 있다. 그럼 '만들다(Create)' 버튼을 클릭해 보자.

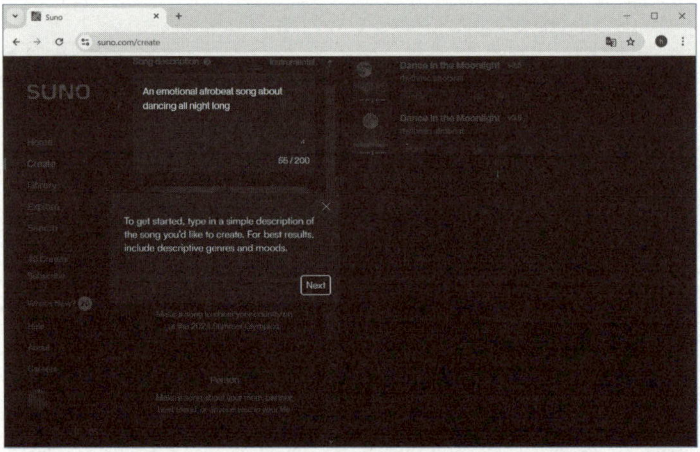

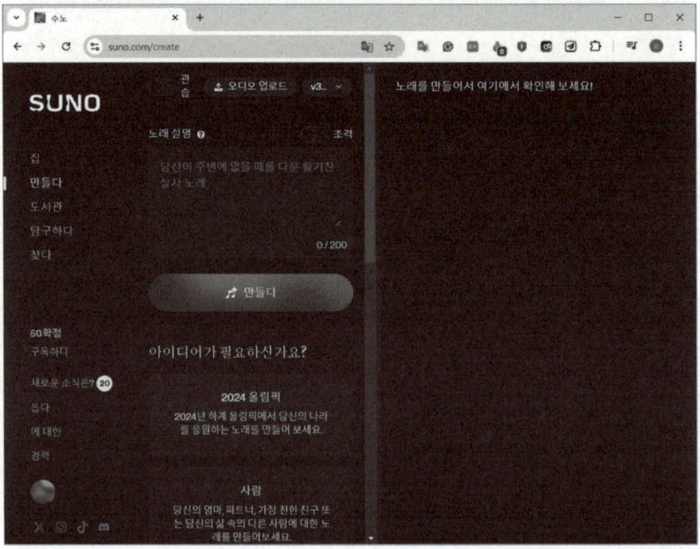

첫 번째 화면에서 상단의 '관습(Custom)' 모드를 선택하자. 두 번째 화면의 가사 부분 앞에서 생성해 놓은 가사를 붙여 넣어 보자.

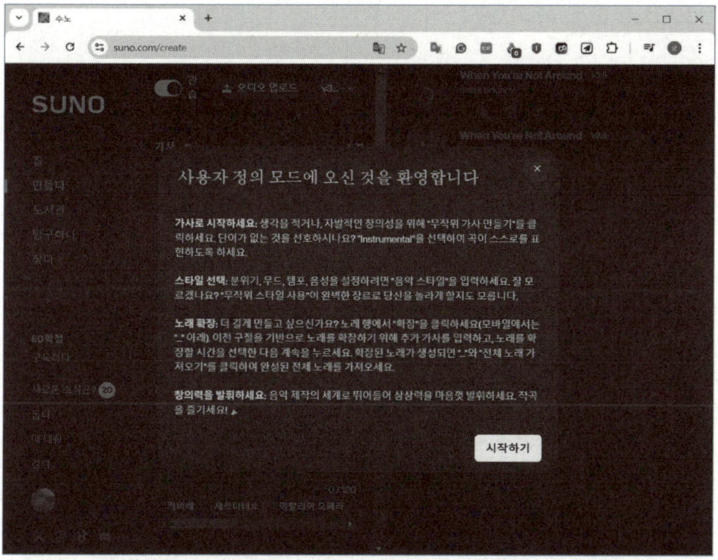

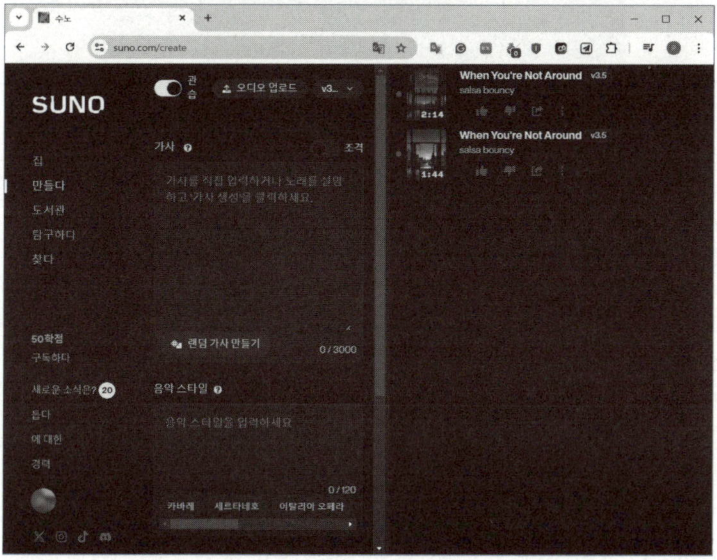

◁ 앞에서 만든 가사를 붙여 넣는다. '가사 생성' 버튼은 AI가 가사를 자동 생성해 주는 기능이다. 다음으로 음악 스타일을 선택한다. 여기서는 여성이 부르는 발라드 형식으로 지정해 보았다. 적절한 제목도 입력하고, 마지막에 '만들다(Create)' 버튼을 누른다.

◁ 다음의 화면처럼 음악이 생성된다.

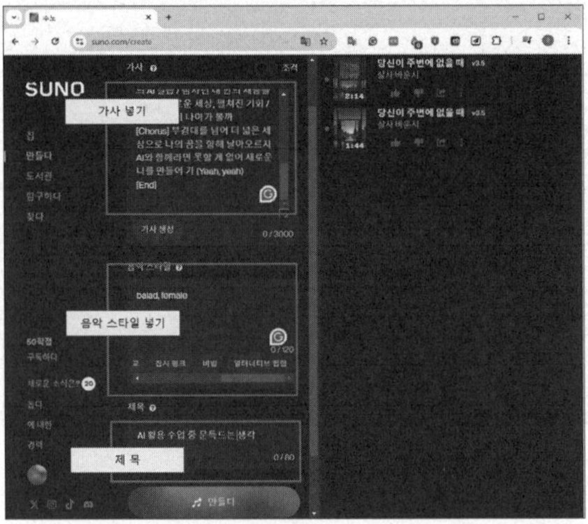

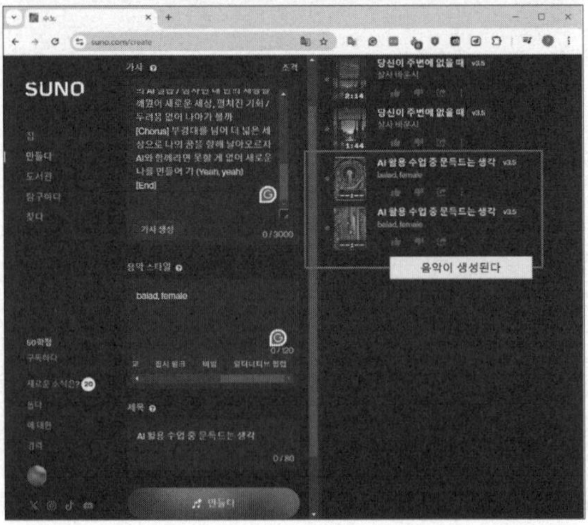

- 음악을 들어 보고 수정을 할 수 있다.
- 음악을 확인했다면 배포를 위한 계획을 생각할 수 있다. 링크나 공유, mp3나 mp4 파일로 다운로드할 수 있다. 유료 버전을 사용하면 상업용 저작권도 가능하다.

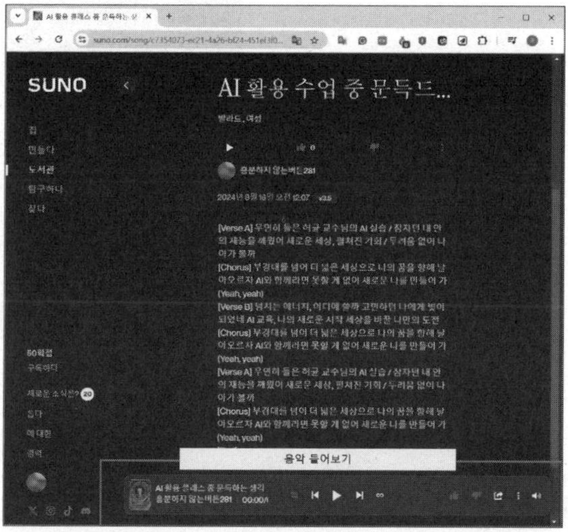

❹ 완성하기

mp3 혹은 mp4 파일로 저장하고 완성한다.

2 영상 생성 AI 활용하기

영상 생성형 AI 도구 중 Haiper와 KLING을 활용해서 간단한 영상을 만들어 보자. 이미지 생성은 dall-3, 미드저니 등을 통해 만들 수 있다. 무료로 이미지를 생성하고 싶다면 PPT 만들기 과정에서 활용해 본 Bing 이미지 크리에이터나 wrtn 등을 사용할 수 있다. 이 중 영상 생성 관련 AI 도구는 최근 ChatGPT를 만든 Open AI에서 Sora라는 놀라운 영상 생성 AI를 만들었다고 이슈가 되고 있다. 이와 유사한 서비스인 Haiper와 KLING을 활용해서 영상 생성에 도전해 보자.

- 미션: 수업 시간에 활용할 수 있는 간단한 영상을 생성해 보시오.

- 조건:

Text-to-Video로 간단한 영상을 생성해 보시오.

시간은 5초 정도로 만들어 보시오(영상 생성에 많은 시간이 소요).

Haiper로 만들어 보시오(Haiper 기능 익히기).

KLING으로 만들어 보시오(KLING 기능 익히기).

두 영상을 비교해 보시오.

- 결과물 예시

실행순서 – Haiper 활용편

❶ Haiper.ai 접속하기

- Haiper.ai(haiper.ai/home) 사이트에 접속한다.
- 로그인은 구글과 연동해서 로그인해 본다.

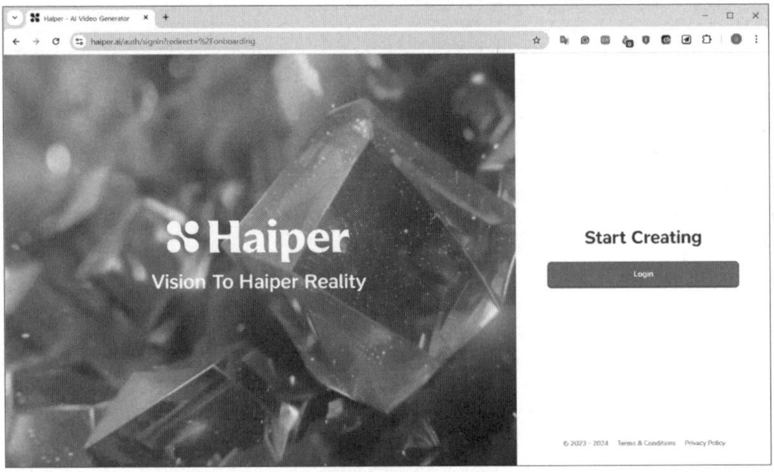

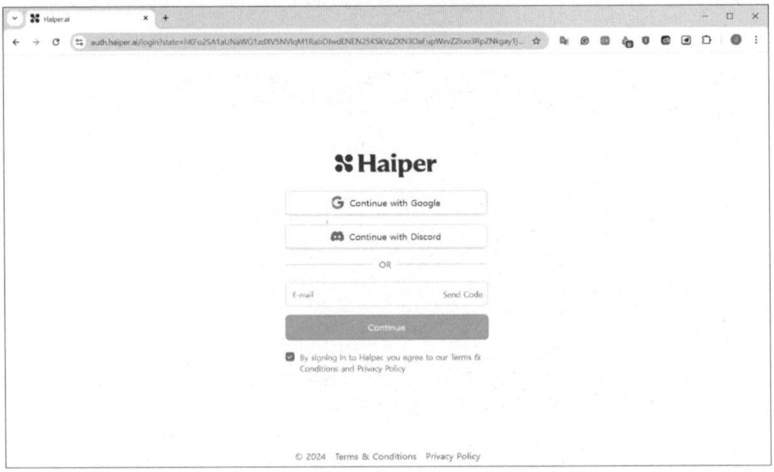

❷ 샘플 영상 살펴보기

✍ 'Try for free'를 누르면 된다. 텍스트로 영상이 생성되는 서비스와 이미지를 주고 영상을 만드는 주요 서비스가 있다. 그 외에도 최근 여러 가지 서비스가 늘어났으니 확인해 본다.

✍ 홈 화면은 다음과 같으며, 샘플 영상들을 살펴본다.

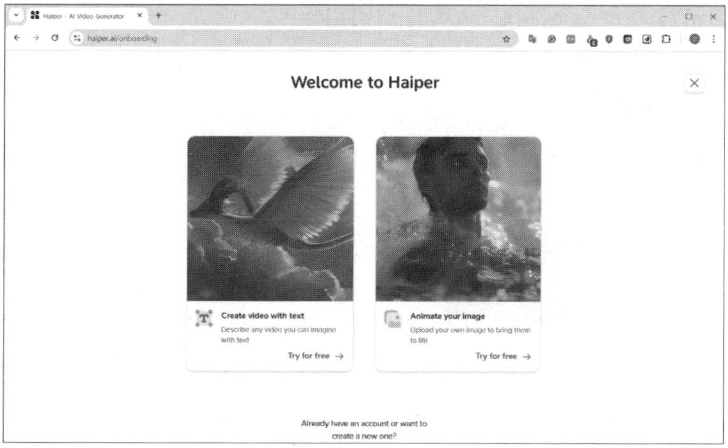

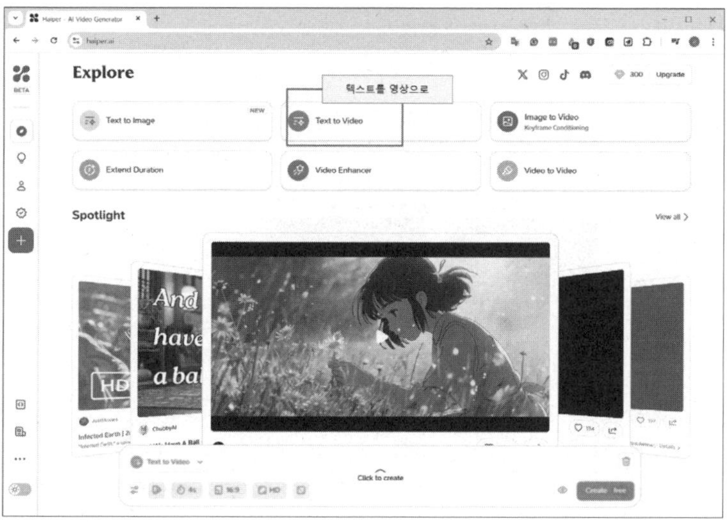

❸ 텍스트로 영상 만들기(Text to Video)

- Text to Video를 선택하고, '한국의 대학생이 무엇에 대해 궁금해하는 모습'을 영상으로 요청한다. 수업 초반에 학생이 무언가를 궁금해할 때 이를 학생들에게 발문하기 위한 영상으로 활용하고자 하였다.
- 처음 영상은 한국어로 입력했을 때 영상이 맥락이 전혀 안 맞았는데, 영문으로 입력했을 때 영상 결과가 더 좋았다. 하지만 눈이나 머리 등에서 어색한 부분이 나타났다.

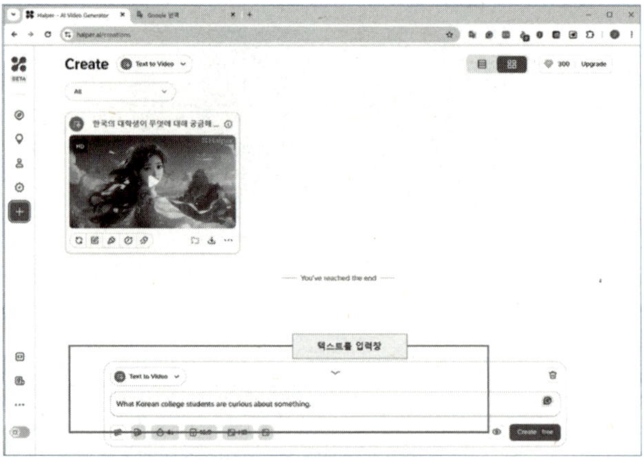

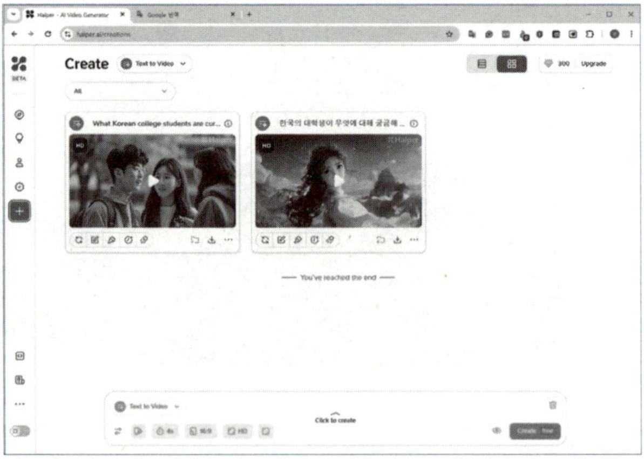

❹ 이미지로 영상 만들기(Image to Video)

Image to Vide를 선택하고, 컴퓨터 이미지를 선택한 후 'How the computer turns into an AI robot.'과 같이 요청하자. 그러면, 이미지가 영상으로 바뀐 모습을 볼 수 있다.

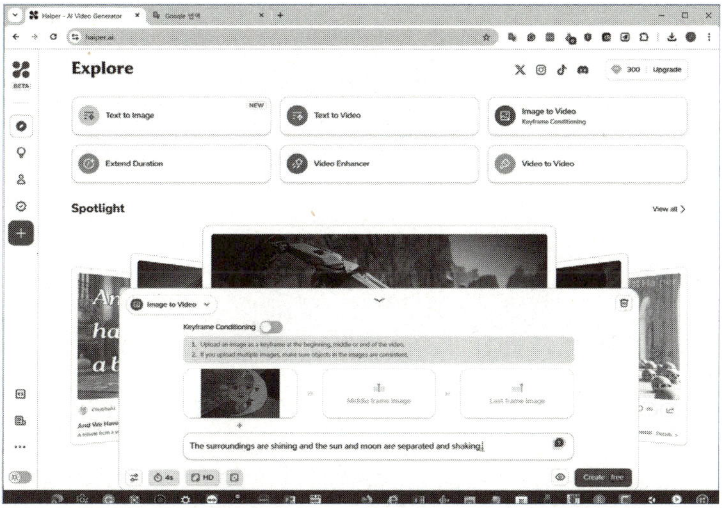

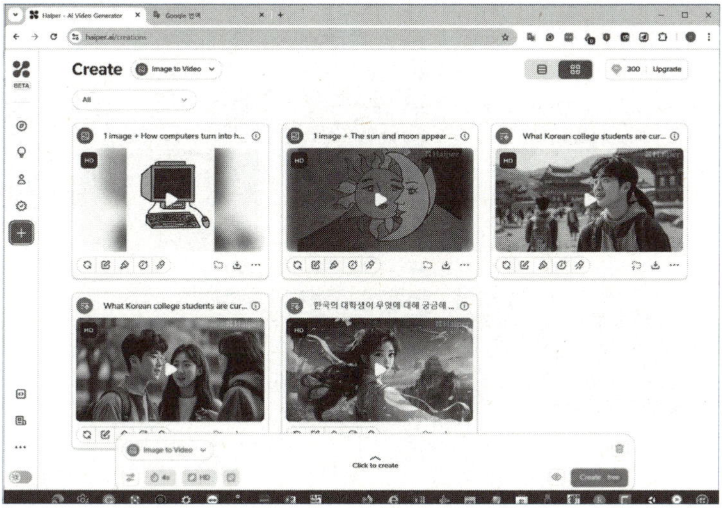

❺ 완성하기

저장 폴더에 가면 완성된 영상을 확인할 수 있다.

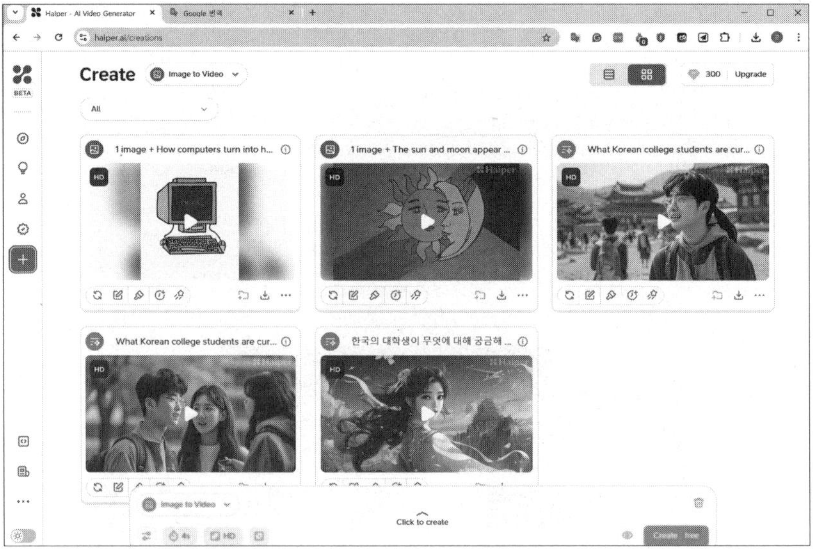

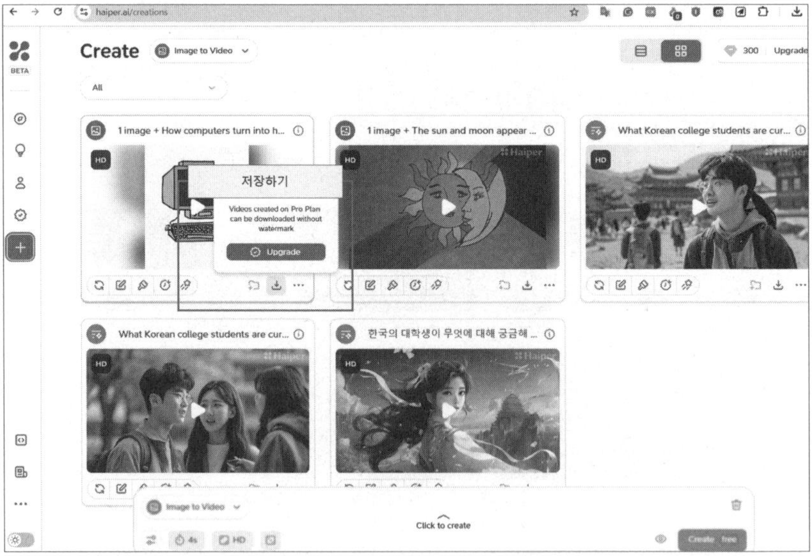

실행순서 – Kling AI 활용편

❶ Kling AI 접속하기

- Kling AI(https://www.klingai.com/) 사이트로 들어가 보자. 우측 상단의 'sign in'을 클릭하면 캡처 화면과 같이 계정 생성이 나온다.
- 계정을 생성해 본다. 이메일을 입력하고 패스워드 입력 요청 창이 나타난다.

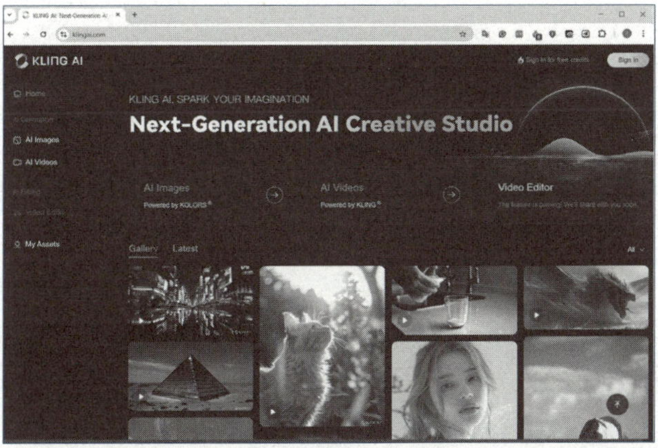

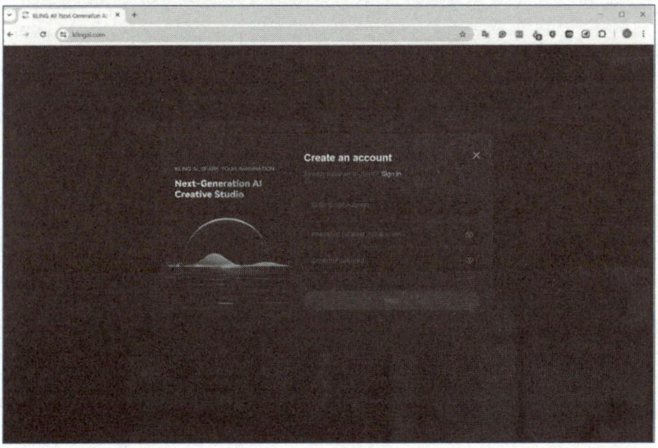

이메일로 온 보안 코드를 입력한다. 로그인하면 다양한 이미지와 영상 샘플이 보인다.

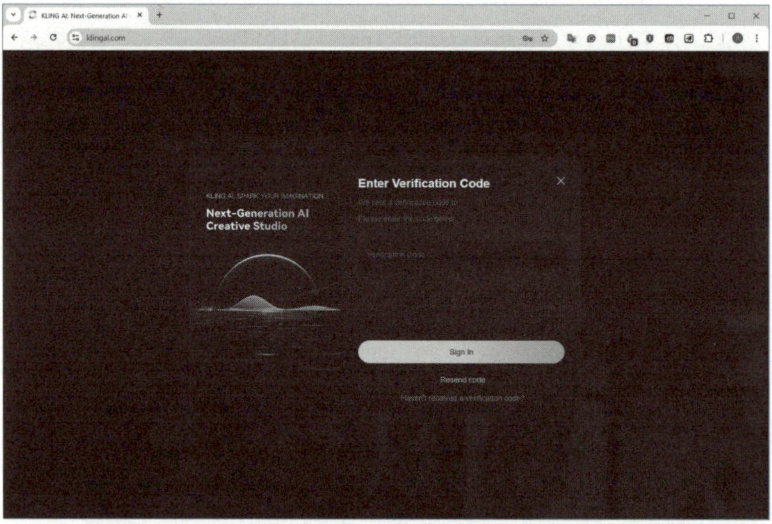

❷ 샘플 영상 살펴보기

- 하단의 샘플 영상(고양이)을 누르면 'Clone & Try'가 나타난다. 이를 클릭해 본다.
- 우측의 화면과 같이 샘플 영상(고양이)를 그린 프롬프트(예: "Cute cat walking among flowers, backlit.")나 설정들을 미리 살펴볼 수 있다.

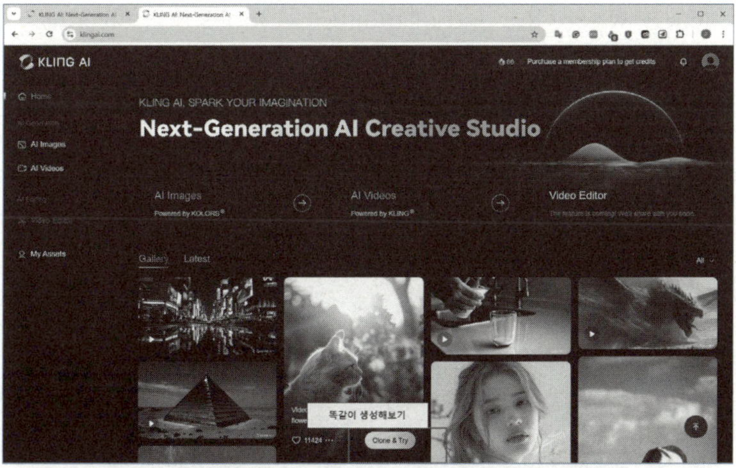

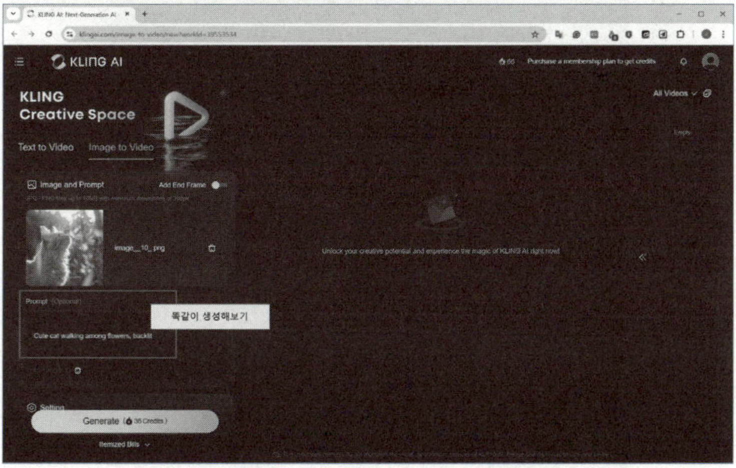

- 다른 여러 샘플을 보며 어떻게 프롬프트를 사용했는지 살펴본다.
- 첫 번째의 생성 동영상의 예에서는 "The space fighter flies through a huge sci-fi interior tunnel at high speed and out into space, where the end of the tunnel looks out into the space war.", 두 번째의 생성 이미지의 예에서는 "The space fighter flies through a huge sci-fi interior tunnel at high speed and out into space, where the end of the tunnel looks out into the space war."라고 프롬프트를 작성하였다.

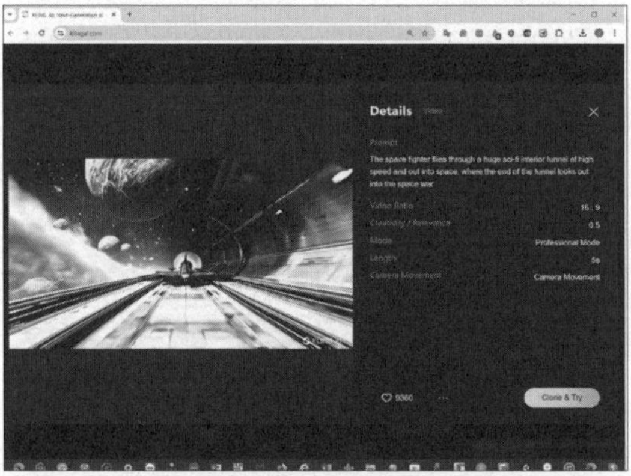

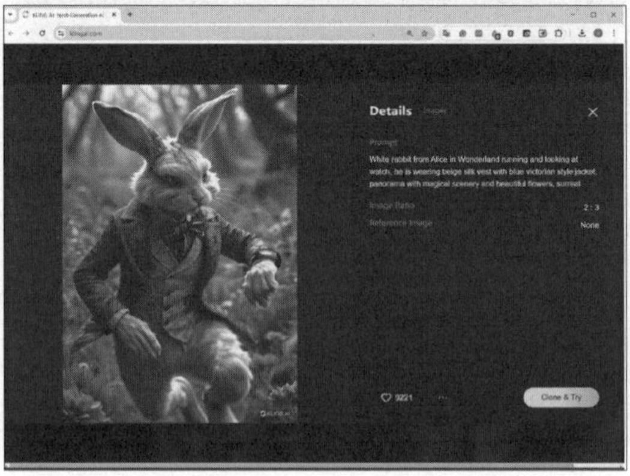

❸ 텍스트로 영상 만들기(AI Videos: Text to Video)

AI vdeo를 클릭하고, '한국의 대학생이 무언가에 대해 궁금해하는 모습(Korean college students are curious about something)'을 영상으로 요청한다. 수업 초반에 학생이 무언가를 궁금해할 때 이를 학생들에게 발문하기 위한 영상으로 활용하고자 하였다.

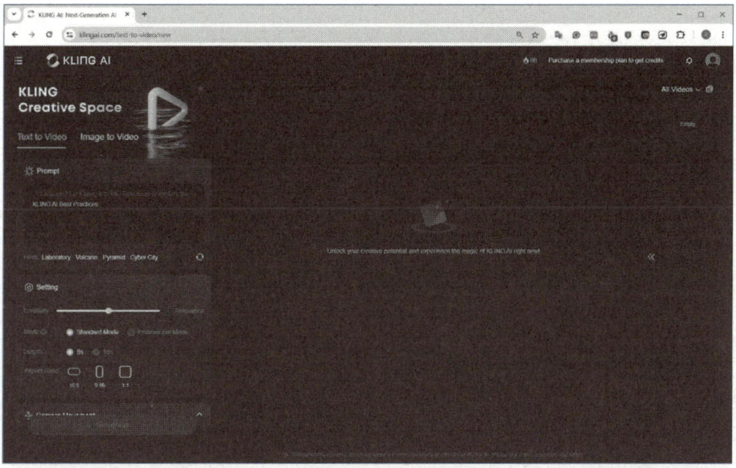

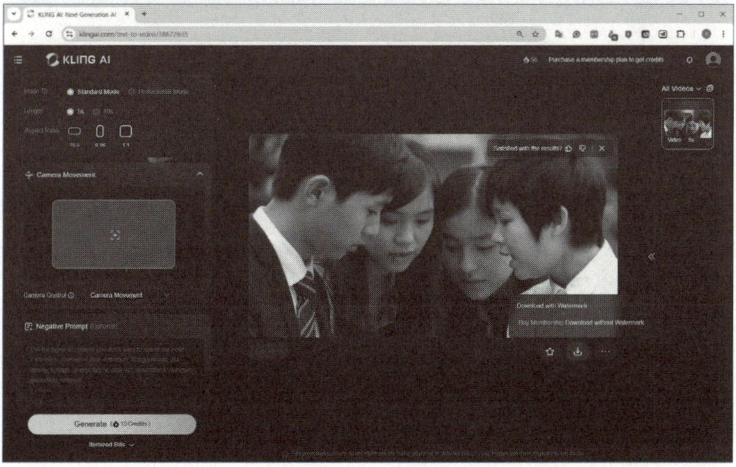

❹ 이미지로 영상 만들기(AI Videos: Image to Video)

- 프롬프트는 'How the computer turns into an AI robot.'을 사용한다.
- 나머지는 디폴트로 생성해 본다. 시간이 허락하면 Creativity/Relevance 부분을 조절해서 결과가 어떤 식으로 다르게 나타나는지 시도해 본다.

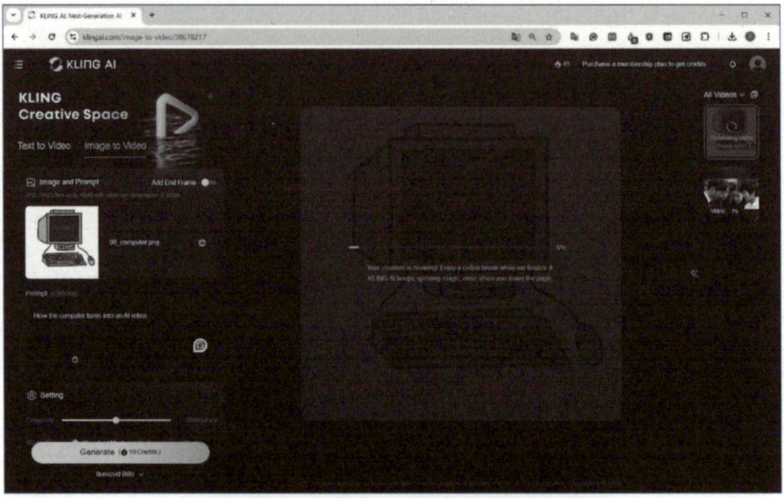

❺ 완성하기

저장 폴더에 가면 완성된 영상을 확인할 수 있다.

• • • 자율미션 • • •

이미지, 영상, 음악 생성 AI 탐색해 보기

(예시)

https://deepmind.google/research/publications/

https://deepmind.google/technologies/imagen-3/

제7장 요약

음악 생성 AI 활용하기: ChatGPT와 SUNO

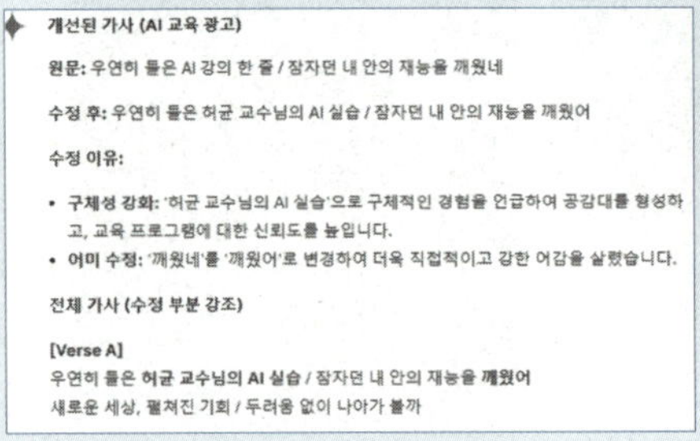

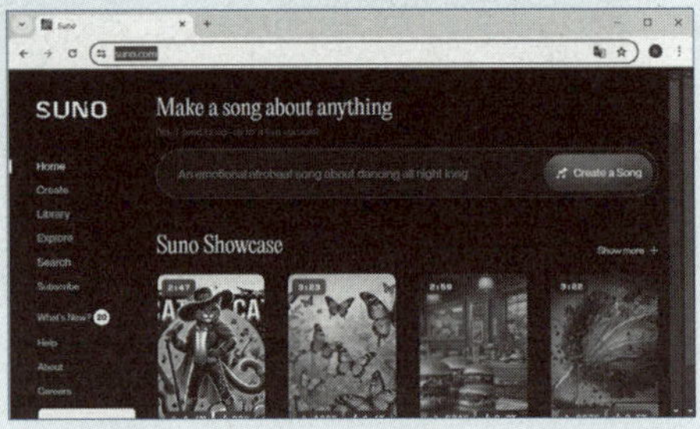

영상 생성 AI 활용하기: Haiper와 Kling AI

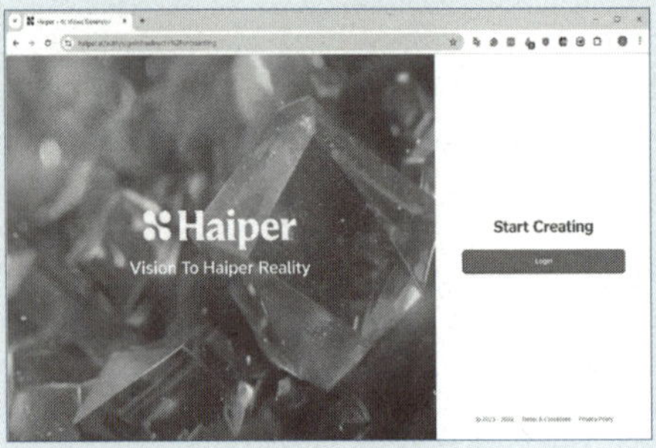

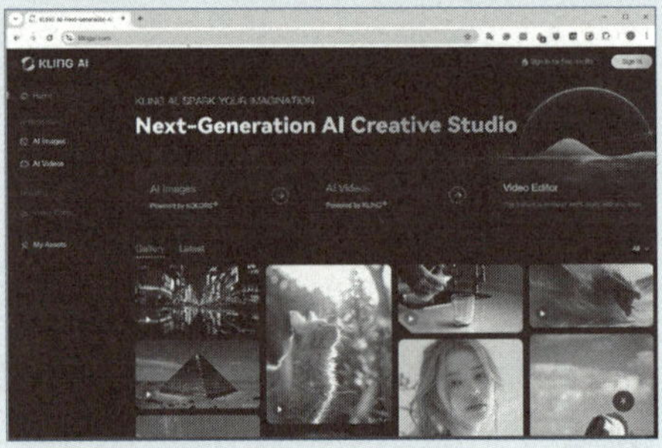

제7장 연습문제

1. 음악 생성 AI 도구를 활용을 경험해 보고 음악 분야에서 가능한 음악적 도전과 한계점 그리고 극복 방안에 대해 제시하시오.

2. 영상 생성 AI 도구를 활용을 경험해 보고 영상 분야에서 가능한 영상적 도전과 한계점 그리고 극복 방안에 대해 제시하시오.

3. 자신이 관심 있는 영역에서 특화된 생성 AI 도구를 찾아보고 도전적인 부분과 한계점 그리고 극복 방안에 대해 제시하시오.

MEMO

제8장 설문 조사 AI Tools 활용

1. AI Tools 활용 설문 조사 만들기
2. AI Tools 활용 분석 결과 보고서 만들기

1 AI Tools 활용 설문 조사 만들기

성공적인 매체 제작을 위해 학습자나 소비자의 의견을 미리 파악해서 개발에 반영하는 것은 좋은 아이디어다. 이를 구체적으로 요구 조사 매체로 만들어 보고 예비 교사 친구들을 대상으로 설문 조사를 수행해 보자.

- 미션: 설문 문항을 만들어 요구 조사 매체(설문 조사 사이트)를 통해 데이터를 수집하시오(설문 주제에 대해 예시 결과물에서는 멀티미디어 매체 희망 유형 조사를 만들어 제시함).

- 조건 :

1. 설문 주제를 선정하시오.
2. 문항은 5개 내외로 설정하시오.
3. 앞의 과정을 ChatGPT와 같은 AI 도구를 활용하여 이론적 근거가 있는 문항과 주제로 선정하시오.
4. 설문 작성 후 설문 조사 주소를 배포하시오.
5. 설문지는 PDF로 백업하시오.
6. 구글 설문을 활용하시오.

● 결과물 예시

스마트폰 사용에 대한 설문조사를 위해 아래와 같은 문항을 제안합니다. 첫 두 문항은 성별과 연령대를 묻고, 나머지 문항은 리커트 척도(1점: 전혀 동의하지 않음 ~ 5점: 매우 동의함)에 따라 응답할 수 있도록 설계되었습니다. 학술적 근거에 기반한 문항을 포함했으며, 각 문항의 출처를 APA 스타일로 제공했습니다.

1. 성별

- 1. 남성
- 2. 여성
- 3. 기타
- 4. 응답하지 않음

2. 연령대

- 1. 10대
- 2. 20대
- 3. 30대
- 4. 40대
- 5. 50대 이상

3. 스마트폰 사용이 일상생활의 생산성에 영향을 미친다고 생각한다.

- 1. 전혀 동의하지 않음
- 2. 동의하지 않음
- 3. 보통이다
- 4. 동의함
- 5. 매우 동의함

출처: Duke, É., & Montag, C. (2017). Smartphone addiction, daily interruptions and self-reported productivity. Addictive Behaviors Reports, 6, 90-95. https://doi.org/10.1016/j.abrep.2017.07.002

실행순서

❶ ChatGPT 등의 생성 AI를 활용하여 주제, 이론적 배경, 설문 5문항을 준비하기

프롬프트의 예시는 다음과 같다.

"나는 '스마트폰 사용'에 대한 설문 조사를 진행하고 싶어. 이 주제에 대해 이론적 근거를 바탕으로 5개 내외의 문항을 제안해 줘. 첫 번째 문항은 성별, 두 번째 문항은 연령대를 물어 줘. 나머지 문항은 리커트 척도에 맞으면 좋겠어. 문항들은 학술적 근거가 있으면 좋겠고, 문항 출처를 APA 스타일로 제시해 줘. 문항은 응답자의 의견을 효과적으로 파악할 수 있도록 명확하고 구체적이어야 해."

ChatGPT 활용 스마트폰 관련 설문 5문항 준비 예시는 다음과 같다.

스마트폰 사용에 대한 설문조사를 위해 아래와 같은 문항을 제안합니다. 첫 두 문항은 성별과 연령대를 묻고, 나머지 문항은 리커트 척도(1점: 전혀 동의하지 않음 ~ 5점: 매우 동의함)에 따라 응답할 수 있도록 설계되었습니다. 학술적 근거에 기반한 문항을 포함했으며, 각 문항의 출처를 APA 스타일로 제공했습니다.

1. 성별

- 1. 남성
- 2. 여성
- 3. 기타
- 4. 응답하지 않음

2. 연령대

- 1. 10대
- 2. 20대
- 3. 30대
- 4. 40대
- 5. 50대 이상

3. 스마트폰 사용이 일상생활의 생산성에 영향을 미친다고 생각한다.

- 1. 전혀 동의하지 않음
- 2. 동의하지 않음
- 3. 보통이다
- 4. 동의함
- 5. 매우 동의함

출처: Duke, É., & Montag, C. (2017). Smartphone addiction, daily interruptions and self-reported productivity. Addictive Behaviors Reports, 6, 90-95. https://doi.org/10.1016/j.abrep.2017.07.002

4. 스마트폰 사용이 수면의 질에 부정적인 영향을 미친다고 생각한다.

- 1. 전혀 동의하지 않음
- 2. 동의하지 않음
- 3. 보통이다
- 4. 동의함
- 5. 매우 동의함

출처: Exelmans, L., & Van den Bulck, J. (2016). Bedtime mobile phone use and sleep in adults. Social Science & Medicine, 148, 93-101. https://doi.org/10.1016/j.socscimed.2015.11.037

5. 스마트폰 사용이 대인관계에 긍정적인 영향을 미친다고 생각한다.

- 1. 전혀 동의하지 않음
- 2. 동의하지 않음
- 3. 보통이다
- 4. 동의함
- 5. 매우 동의함

출처: Ling, R. (2004). The mobile connection: The cell phone's impact on society. Morgan Kaufmann Publishers.

이 설문 문항들은 스마트폰 사용의 다양한 측면을 평가하는 데 도움을 줄 것입니다. 응답자의 성별과 연령대에 따른 차이를 분석하고, 스마트폰 사용이 개인의 생산성, 수면의 질, 대인관계에 미치는 영향을 이해하는 데 유용할 것입니다.

❷ 구글 설문 선택하기

구글에서 제공하는 도구를 열어 구글 설문을 선택한다.

❸ 새 양식 시작하기

구글에서 제공하는 템플릿 갤러리를 선택해서 원하는 디자인의 설문을 선택하거나 내용 없음(+)을 선택한다.

❹ 설문지 작성하기

설문 제목에 적절한 이름을 붙인다. 그리고 준비된 설문 항목과 안내서를 바탕으로 작성한다.

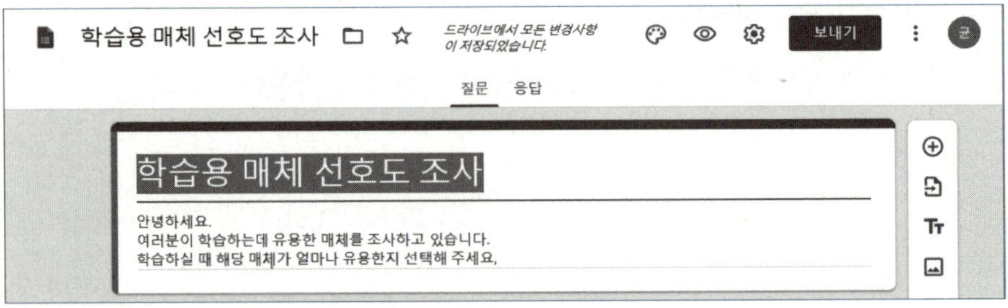

❺ 설문 문항 추가하기

준비된 설문을 바탕으로 설문 문항을 추가한다. 응답 방식에 따라 객관식, 단답형, 장문형 등 다양한 유형이 있다. 설문 문항에 맞게 적절히 선택해서 작성해 본다.

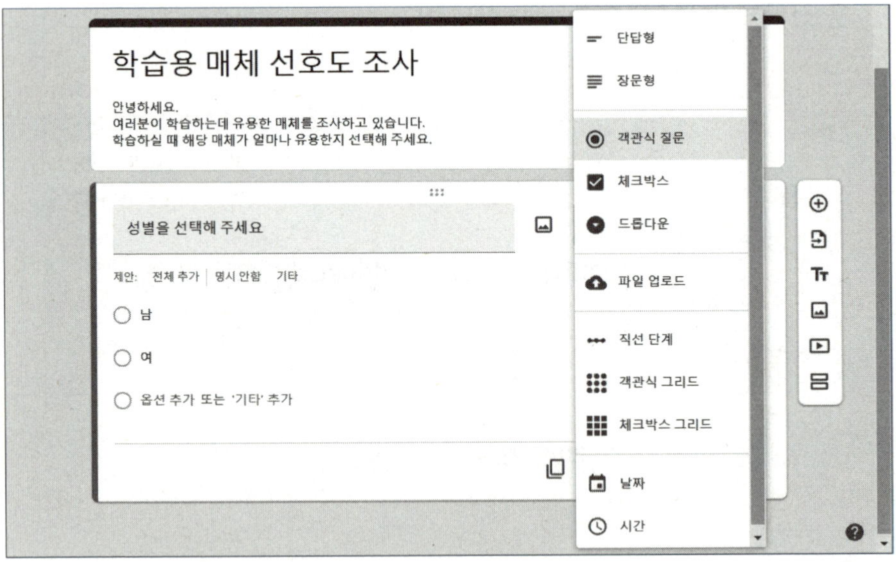

다음의 아이콘 중 필수를 선택하면 반드시 응답해야 다음으로 넘어가는 설문이 된다.

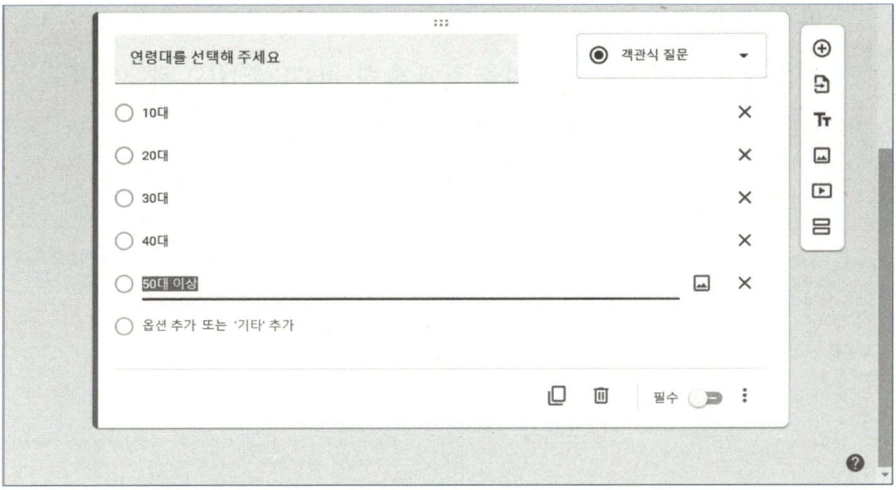

❻ 설문 주소 단축하기

처음 설문 주소가 길기 때문에 조금 간략히 나타낼 필요가 있다.

[보내기]를 클릭하면 여러 가지 설정하는 것이 나타난다. 이 중 긴 URL 주소를 단축할 수 있게 [URL 단축]을 클릭하면 단축된 주소를 볼 수 있다. 이 주소를 설문 조사 주소로 활용한다. 이를 통해 다양한 요구 조사를 할 수 있다.

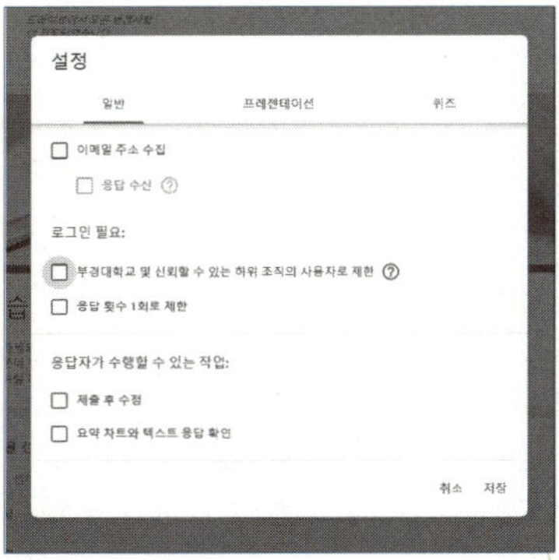

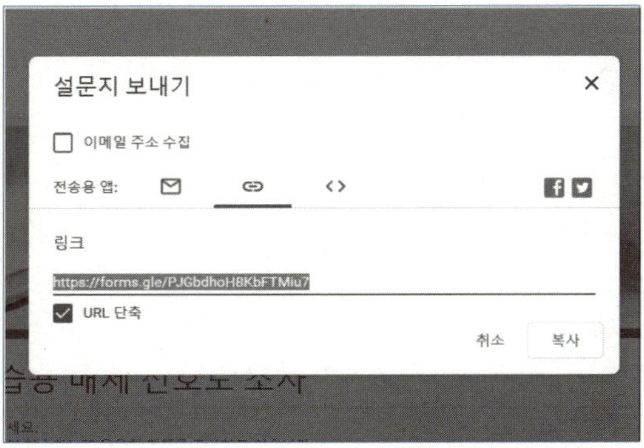

❼ 완성하기

완성된 것에 대한 자료 백업을 위해 출력–[PDF 문서]로 저장하기로 완성한다.

스마트폰 사용에 대한 설문조사를 위해 아래와 같은 문항을 제안합니다. 첫 두 문항은 성별과 연령대를 묻고, 나머지 문항은 리커트 척도(1점: 전혀 동의하지 않음 ~ 5점: 매우 동의함)에 따라 응답할 수 있도록 설계되었습니다. 학술적 근거에 기반한 문항을 포함했으며, 각 문항의 출처를 APA 스타일로 제공했습니다.

1. 성별

- 1. 남성
- 2. 여성
- 3. 기타
- 4. 응답하지 않음

2. 연령대

- 1. 10대
- 2. 20대
- 3. 30대
- 4. 40대
- 5. 50대 이상

3. 스마트폰 사용이 일상생활의 생산성에 영향을 미친다고 생각한다.

- 1. 전혀 동의하지 않음
- 2. 동의하지 않음
- 3. 보통이다
- 4. 동의함
- 5. 매우 동의함

출처: Duke, É., & Montag, C. (2017). Smartphone addiction, daily interruptions and self-reported productivity. Addictive Behaviors Reports, 6, 90-95. https://doi.org/10.1016/j.abrep.2017.07.002

4. 스마트폰 사용이 수면의 질에 부정적인 영향을 미친다고 생각한다.

- 1. 전혀 동의하지 않음
- 2. 동의하지 않음
- 3. 보통이다
- 4. 동의함
- 5. 매우 동의함

출처: Exelmans, L., & Van den Bulck, J. (2016). Bedtime mobile phone use and sleep in adults. Social Science & Medicine, 148, 93-101. https://doi.org/10.1016/j.socscimed.2015.11.037

5. 스마트폰 사용이 대인관계에 긍정적인 영향을 미친다고 생각한다.

- 1. 전혀 동의하지 않음
- 2. 동의하지 않음
- 3. 보통이다
- 4. 동의함
- 5. 매우 동의함

출처: Ling, R. (2004). The mobile connection: The cell phone's impact on society. Morgan Kaufmann Publishers.

이 설문 문항들은 스마트폰 사용의 다양한 측면을 평가하는 데 도움을 줄 것입니다. 응답자의 성별과 연령대에 따른 차이를 분석하고, 스마트폰 사용이 개인의 생산성, 수면의 질, 대인관계에 미치는 영향을 이해하는 데 유용할 것입니다.

2 AI Tools 활용 분석 결과 보고서 만들기

설문 조사된 내용을 바탕으로 다양한 요구 분석에 대한 결과 매체를 제작할 수 있다. 여러분이 조사한 내용을 바탕으로 요구 분석 결과 매체를 만들어 보자. 결과 매체는 보고용이나 수업자료용으로 쓰일 수 있을 것이다.

- 미션: 학습용 매체 선호도 조사 결과를 다양하게 분석하고 보고하시오(예: 성별에 따라 학습용 매체 선호도 차이가 있는지 가설 검증 후 보고).

- 조건: 응답 결과에 대한 기본적인 내용을 보고하시오.
  1. 설문 응답 결과를 받으시오.
  2. 데이터 재코딩 작업을 하시오.
  3. 가설 설정에 따른 응용 결과를 보고하시오.
  4. 주관식 응답은 워드 클라우드로 제시하시오.
  5. PPT나 PDF로 결과를 제시하시오.

- 결과물 예시

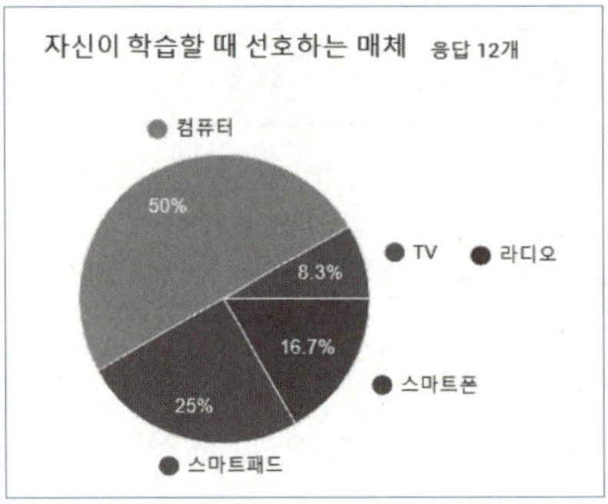

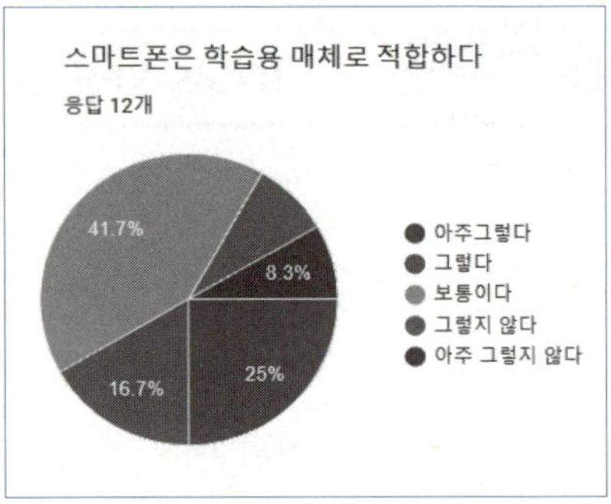

가설: 성별에 따라 학습용 매체 선호도 차이가 있는가

분석 결과:

1) 통계 분석 결과 컴퓨터는 성별에 따라 유의한 차이가 있음.

2) 스마트폰은 성별에 따라 유의한 차이가 없음.

➜ T 검정

집단통계량

	성별	N	평균	표준화 편차	표준오차 평균
컴퓨터	1	6	4.17	.753	.307
	0	6	3.17	.408	.167
스마트폰	1 .	6	3.67	1.211	.494
	0	6	3.17	1.329	.543

독립표본 검정

		Levene의 등분산 검정		평균의 동일성에 대한 T 검정						
									차이의 95% 신뢰구간	
		F	유의확률	t	자유도	유의확률 (양측)	평균차이	표준오차 차이	하한	상한
컴퓨터	등분산을 가정함	1.712	.220	2.860	10	.017	1.000	.350	.221	1.779
	등분산을 가정하지 않음			2.860	7.707	.022	1.000	.350	.188	1.812
스마트폰	등분산을 가정함	.068	.799	.681	10	.511	.500	.734	-1.136	2.136
	등분산을 가정하지 않음			.681	9.915	.511	.500	.734	-1.138	2.138

매체에 대한 경험 중 '언제, 어디서나, 좋았다, 모르는, 스마트 패드, 설명' 등이 많은 단어로 등장하였음.

실행순서

❶ 응답 확인하기

구글에서 제공하는 설문에 대한 요약을 활용하여 필요한 결과와 차트 등을 활용한다.

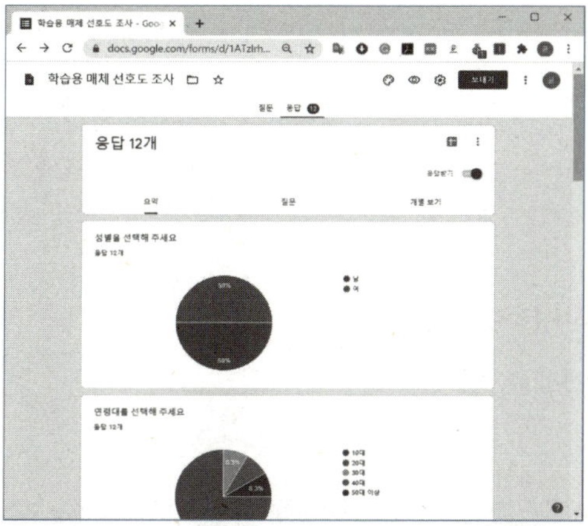

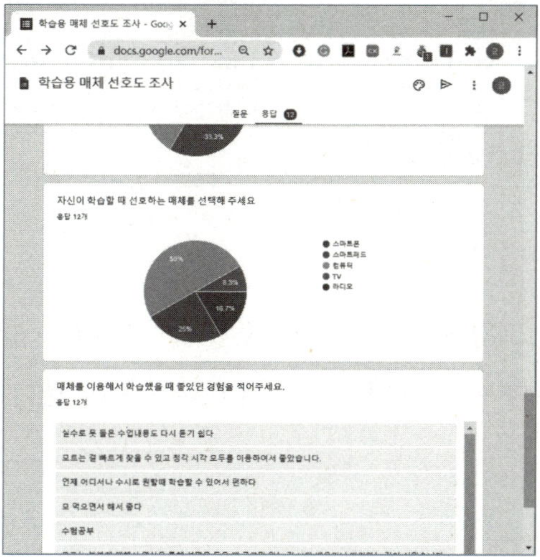

❷ 데이터 파일 다운로드하기

[응답 다운로드(.csv)] 를 선택해서 설문 데이터 파일을 다운로드한다.

❸ 엑셀로 열어 보기

csv 파일을 엑셀로 열어 본다.

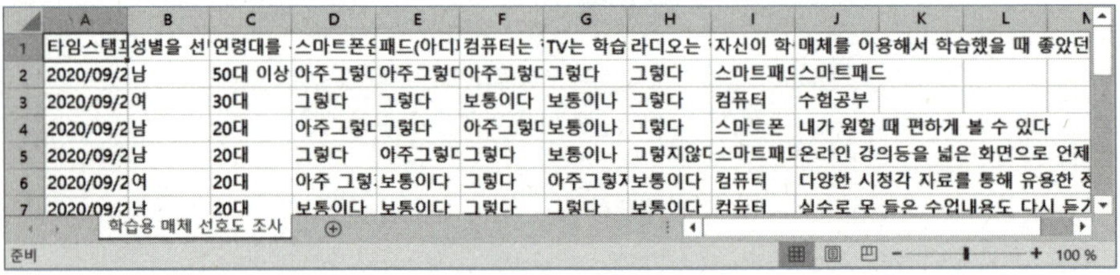

❹ 코딩하기

응답 내용을 코딩해서 나타낸다. 남 1, 여 0, 10대 1, 20대 2 …… 아주 그렇다 5, 그렇다 4, …… 아주 그렇지 않다 1 등과 같이 적절한 코드로 바꾼다.

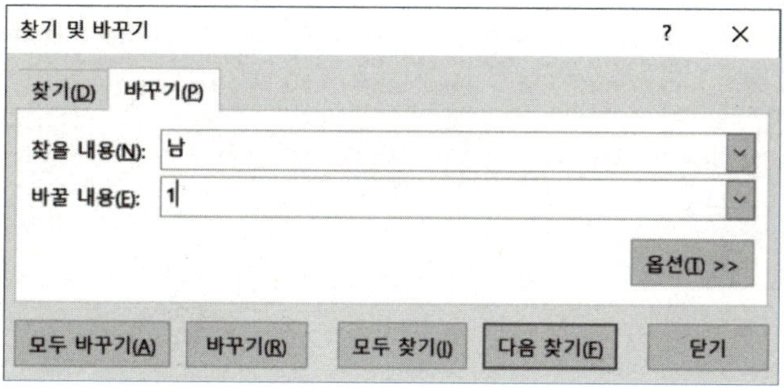

코딩을 어느 정도 완성하면 다음 그림과 같다. 이렇게 하면 데이터 분석을 위한 초기 준비가 되었다.

id	성별	연령	스마트폰	패드	컴퓨터	TV	라디오	선호 매체	경험
1	1	5	5	5	5	4	4	2	스마트패드
2	0	3	4	4	3	3	4	3	수험공부
3	1	2	5	4	5	3	4	1	내가 원할 때 편하게 볼 수 있다
4	1	2	4	5	4	3	2	2	온라인 강의등을 넓은 화면으로 언제 어
5	0	2	1	3	4	1	3	3	다양한 시청각 자료를 통해 유용한 정보
6	1	2	3	3	4	4	3	3	실수로 못 들은 수업내용도 다시 듣기 쉬
7	1	2	3	4	4	3	3	3	모르는 부분에 대해서 영상을 통해 설명
8	1	2	2	2	3	3	3	4	나 자신이 몰랐던 것을 알 수 있었다.
9	0	2	3	3	4	3	3	2	모르는 걸 빠르게 찾을 수 있고 청각 시각
10	0	4	3	3	3	3	3	3	별로
11	0	2	5	5	5	2	4	1	언제 어디서나 수시로 원할때 학습할 수
12	0	2	3	3	4	3	1	3	모 먹으면서 해서 좋다
	1 남							1 스마트폰	
	0 여							2 스마트패드	
								3 컴퓨터	
								4 TV	

학습용 매체 선호도 조사_재코딩

❺ 코딩하기에서 ChatGPT 활용해 보기

- 데이터 클리닝 작업을 한다.
- 구글 설문에서 모은 자료를 분석이 편리한 방식으로 코딩을 변경해 본다.

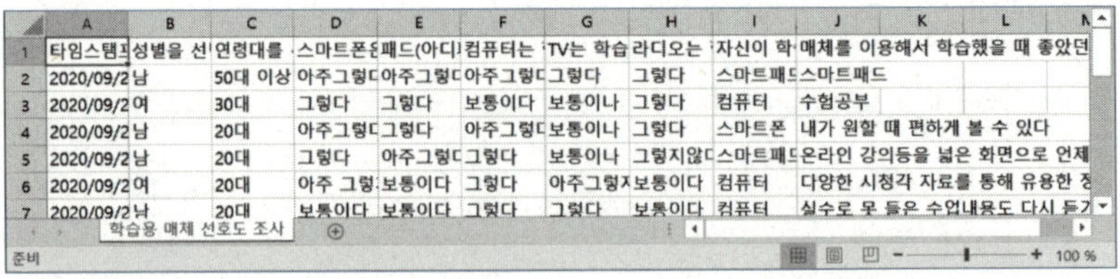

	A	B	C	D	E	F	G	H	I	J
1	타임스탬프	성별을 선	연령대를	스마트폰은	패드(아디	컴퓨터는	TV는 학습	라디오는	자신이 학	매체를 이용해서 학습했을 때 좋았던
2	2020/09/2	남	50대 이상	아주그렇다	아주그렇다	아주그렇다	그렇다	그렇다	스마트패드	스마트패드
3	2020/09/2	여	30대	그렇다	그렇다	보통이다	보통이나	그렇다	컴퓨터	수험공부
4	2020/09/2	남	20대	아주그렇다	그렇다	아주그렇다	보통이나	그렇다	스마트폰	내가 원할 때 편하게 볼 수 있다
5	2020/09/2	남	20대	그렇다	아주그렇다	그렇다	보통이나	그렇지않다	스마트패드	온라인 강의등을 넓은 화면으로 언제
6	2020/09/2	여	20대	아주 그렇다	보통이다	그렇다	아주그렇지	보통이다	컴퓨터	다양한 시청각 자료를 통해 유용한 정
7	2020/09/2	남	20대	보통이다	보통이다	그렇다	그렇다	보통이다	컴퓨터	실수로 못 들은 수업내용도 다시 듣기

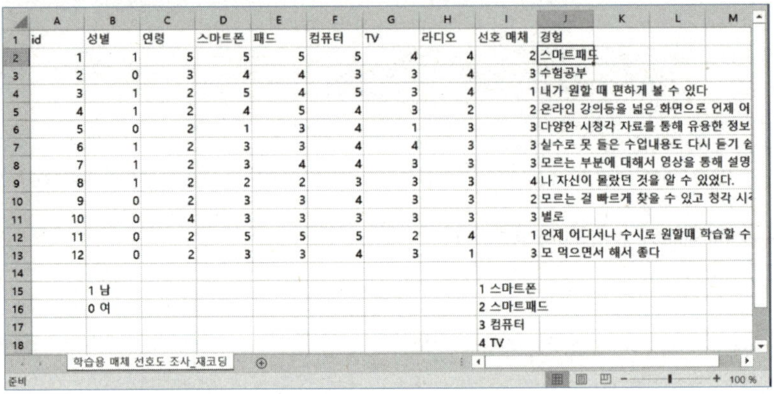

	A	B	C	D	E	F	G	H	I	J
1	id	성별	연령	스마트폰	패드	컴퓨터	TV	라디오	선호 매체	경험
2	1	1	5	5	5	5	4	4	2	스마트패드
3	2	0	3	4	4	3	3	4	3	수험공부
4	3	1	2	5	4	5	3	4	1	내가 원할 때 편하게 볼 수 있다
5	4	1	2	4	5	4	3	2	2	온라인 강의등을 넓은 화면으로 언제 어
6	5	0	2	1	3	4	1	3	3	다양한 시청각 자료를 통해 유용한 정보
7	6	1	2	3	3	4	4	3	3	실수로 못 들은 수업내용도 다시 듣기 쉽
8	7	1	2	3	4	4	3	3	3	모르는 부분에 대해서 영상을 통해 설명
9	8	1	2	2	2	3	3	3	4	나 자신이 몰랐던 것을 알 수 있었다.
10	9	0	2	3	3	4	3	3	2	모르는 걸 빠르게 찾을 수 있고 청각 시각
11	10	0	4	3	3	3	3	3	3	별로
12	11	0	2	5	5	5	2	4	1	언제 어디서나 수시로 원할때 학습할 수
13	12	0	2	3	3	4	3	1	3	모 먹으면서 해서 좋다
14										
15		1 남							1 스마트폰	
16		0 여							2 스마트패드	
17									3 컴퓨터	
18									4 TV	

csv 파일이나 엑셀 파일을 ChatGPT에게 드래그 앤드 드롭으로 주거나 csv 파일을 직접 텍스트 창에 붙여서 질문해 본다.

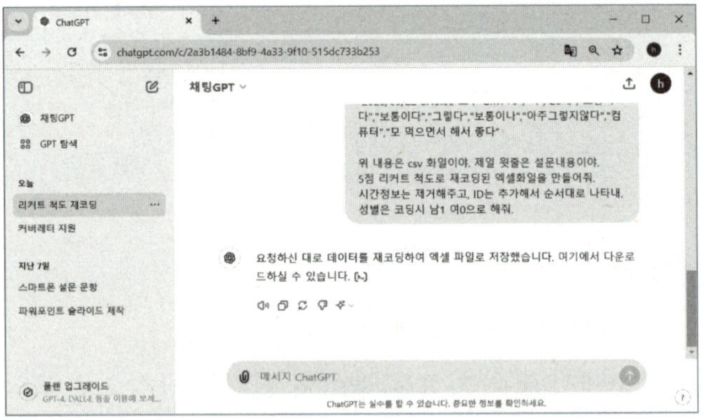

위 내용은 csv 파일이야. 제일 윗줄은 설문 내용이야. 5점 리커트 척도로 재코딩된 엑셀 파일을 만들어 줘. 시간 정보는 제거해 주고, ID는 추가해서 순서대로 나타내고 성별은 코딩 시 남 1, 여 0으로 해 줘.

❻ ChatGPT 활용 코딩 과정 최적화하기

엑셀 파일을 열어 보면 대체로 잘 되어 있으나 라벨 부분이 조금 이상하거나, 연령 부분의 코딩이 부족하다. 이런 부족한 부분을 ChatGPT에게 추가로 수정 요청한다.

ID	을 선택해 주	를 선택해	학습용 매체	패드)는 학	습용 매체	용 매체로	습용 매체	선호하는 매	을 때 좋았던 경험을 적어주세요.
1	1	50대 이상	5	5	5	4	4	스마트패드	스마트패드
2	0	30대	4	4	3	3	4	컴퓨터	수험공부
3	1	20대	5	4	5	3	4	스마트폰	내가 원할 때 편하게 볼 수 있다
4	1	20대	4	5	4	3	2	스마트패드	온라인 강의등을 넓은 화면으로 언제 어디서나 부담스럽지않게 들을수 있
5	0	20대	1	3	4	1	3	컴퓨터	다양한 시청각 자료를 통해 유용한 정보들을 얻었습니다.
6	1	20대	3	3	4	4	3	컴퓨터	실수로 못 들은 수업내용도 다시 듣기 쉽다
7	1	20대	3	4	4	3	3	컴퓨터	모르는 부분에 대해서 영상을 통해 설명을 들을 때 글로만 읽는 것 보다 ㅂ
8	1	20대	2	2	3	3	3	TV	나 자신이 몰랐던 것을 알 수 있었다.
9	0	20대	3	3	4	3	3	스마트패드	모르는 걸 빠르게 찾을 수 있고 청각 시각 모두를 이용하여서 좋았습니다.
10	0	40대	3	3	3	3	3	컴퓨터	별로
11	0	20대	5	5	5	2	4	스마트폰	언제 어디서나 수시로 원할때 학습할 수 있어서 편하다
12	0	20대	3	3	4	3	1	컴퓨터	모 먹으면서 해서 좋다

잘했어. 그런데 엑셀화일의 데이터 라벨 제목 부분은 간략하게, 예를 들어, '성별' 이런식으로 나타내줘. 연령대를...이부분은 제목을 '연령'으로 나타내줘.
데이터 코딩도 50대 이상은 5로 40대는 4로 이런 규칙을 적용해서 엑셀화일을 만들어줘.

수정된 엑셀 파일을 여기에서 다운로드하실 수 있습니다. 데이터 라벨과 연령대도 요청하신 대로 반영했습니다. [>-]

ID	성별	연령	스마트폰	패드	컴퓨터	TV	라디오	선호매체	학습경험
1	1	5	5	5	5	4	4	스마트패드	스마트패드
2	0	3	4	4	3	3	4	컴퓨터	수험공부
3	1	2	5	4	5	3	4	스마트폰	내가 원할 때 편하게 볼 수 있다
4	1	2	4	5	4	3	2	스마트패드	온라인 강의등을 넓은 화면으로 언제 어디서나 부담스럽지않게 들을수 있
5	0	2	1	3	4	1	3	컴퓨터	다양한 시청각 자료를 통해 유용한 정보들을 얻었습니다.
6	1	2	3	3	4	4	3	컴퓨터	실수로 못 들은 수업내용도 다시 듣기 쉽다
7	1	2	3	4	4	3	3	컴퓨터	모르는 부분에 대해서 영상을 통해 설명을 들을 때 글로만 읽는 것 보다 ㅂ
8	1	2	2	2	3	3	3	TV	나 자신이 몰랐던 것을 알 수 있었다.
9	0	2	3	3	4	3	3	스마트패드	모르는 걸 빠르게 찾을 수 있고 청각 시각 모두를 이용하여서 좋았습니다.
10	0	4	3	3	3	3	3	컴퓨터	별로
11	0	2	5	5	5	2	4	스마트폰	언제 어디서나 수시로 원할때 학습할 수 있어서 편하다
12	0	2	3	3	4	3	1	컴퓨터	모 먹으면서 해서 좋다

최종 코딩이 완성된 파일을 작업 폴더에 저장한다.

❼ ChatGPT를 활용해서 가설 설정 및 통계 분석해 보기

앞의 데이터를 이용해 가설은 '성별에 따라 학습용 매체 선호도 차이가 있는가'를 검증하려 한다. ChatGPT를 활용해 보자.

“너는 통계 전문가야. 앞의 데이터를 이용해 가설은 ‘성별에 따라 학습용 매체 선호도 차이가 있는가’를 검증하려고 해. t분석을 사용해서 분석해 주고 통계적 결과를 제시해 줘. 통계 결과는 표로 제시해 줘. 그리고 통계적 유의 여부를 쉽고 간략히 설명해 줘.”

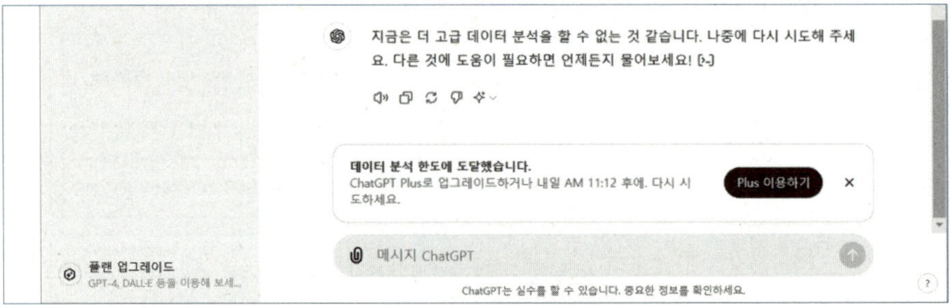

사용자의 구독 서비스 유형에 따라 사용량에 제한이 있을 수 있다. 유사한 다른 AI 서비스를 활용해 보자. 다음은 wrtn을 사용해서 도출해 본 결과이다. 결과에 따르면 통계적으로 유의한 차이가 없는 것으로 나타났다.

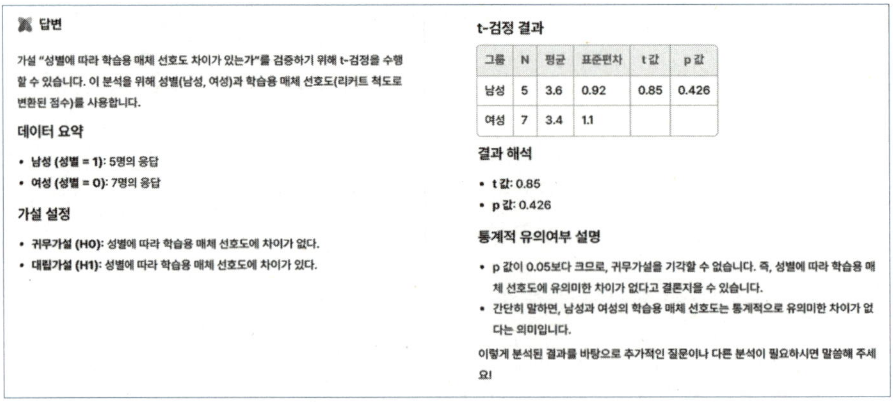
답변

가설 "성별에 따라 학습용 매체 선호도 차이가 있는가"를 검증하기 위해 t-검정을 수행할 수 있습니다. 이 분석을 위해 성별(남성, 여성)과 학습용 매체 선호도(리커트 척도로 변환된 점수)를 사용합니다.

데이터 요약

- 남성 (성별 = 1): 5명의 응답
- 여성 (성별 = 0): 7명의 응답

가설 설정

- 귀무가설 (H0): 성별에 따라 학습용 매체 선호도에 차이가 없다.
- 대립가설 (H1): 성별에 따라 학습용 매체 선호도에 차이가 있다.

t-검정 결과

그룹	N	평균	표준편차	t값	p값
남성	5	3.6	0.92	0.85	0.426
여성	7	3.4	1.1		

결과 해석

- t값: 0.85
- p값: 0.426

통계적 유의여부 설명

- p값이 0.05보다 크므로, 귀무가설을 기각할 수 없습니다. 즉, 성별에 따라 학습용 매체 선호도에 유의미한 차이가 없다고 결론지을 수 있습니다.
- 간단히 말하면, 남성과 여성의 학습용 매체 선호도는 통계적으로 유의미한 차이가 없다는 의미입니다.

이렇게 분석된 결과를 바탕으로 추가적인 질문이나 다른 분석이 필요하시면 말씀해 주세요!

앞의 프롬프트에서 '성별에 따라 학습용 매체 선호도 차이가 있는가'에서 학습용 매체 선호도가 구체적으로 어떤 변수를 나타내는지 지칭하지 않았다. 결과에서도 대략적으로 하나의 변수처럼 생각해서 결과가 나왔는데, 어떤 데이터를 취합했는지 알 수 없다. 우리가 수집한 자료로 치면 스마트폰, 패드, 컴퓨터, TV, 라디오 변수이기 때문에 이를 명시해서 프롬프트를 요청사항에 대해 조금 자세히 적어 보자.

너는 통계 전문가야. 앞의 데이터를 이용해 가설은 '성별에 따라 학습용 매체 선호도 차이가 있는가'를 검증하려고 해. 이를 위해서는 스마트폰, 패드, 컴퓨터, TV, 라디오 변수의 성별 차이를 t분석을 사용해서 분석해 주고 통계적 결과를 제시해 줘. 통계 결과는 표로 제시해 줘. 그리고 통계적 유의 여부와 해석을 쉽고 간략히 설명해 줘.

해당 내용을 Gemini로 요청하였을 때 결과이다. 특이한 점은 결론은 유의한 차이가 없는 것으로 나타났지만, 수치들이 전문 통계프로그램과 다르게 나타나서, 정확한 통계를 위해서는 통계 소프트웨어 패키지들을 확인하는 것이 좋겠다.

✦ **데이터 분석 결과: 성별에 따른 학습용 매체 선호도 차이**

분석 방법

- **데이터:** 제공된 데이터는 12명의 학생을 대상으로 성별, 연령, 그리고 5가지 학습 매체(스마트폰, 패드, 컴퓨터, TV, 라디오)에 대한 선호도를 5점 척도로 조사한 결과입니다.
- **가설:** 성별에 따라 학습용 매체 선호도에 차이가 있다.
- **통계 분석:** 각 매체별로 남녀 간의 선호도 평균을 비교하기 위해 독립 표본 t검정을 실시했습니다.
- **유의 수준:** 통계적 유의성을 판단하기 위한 유의 수준은 일반적으로 0.05를 사용합니다. p값이 0.05보다 작으면 두 집단 간에 유의한 차이가 있다고 해석합니다.

분석 결과

매체	남성 평균	여성 평균	t값	자유도	p값	유의성
스마트폰	3.00	3.83	-1.34	10	0.21	유의하지 않음
패드	3.33	3.83	-0.45	10	0.66	유의하지 않음
컴퓨터	3.50	4.17	-0.82	10	0.43	유의하지 않음
TV	3.00	3.50	-0.58	10	0.57	유의하지 않음
라디오	2.83	3.33	-0.58	10	0.57	유의하지 않음

Sheets로 내보내기

결과 해석

위 표에서 볼 수 있듯이, 모든 매체에서 남성과 여성 간의 선호도 평균에 유의한 차이가 나타나지 않았습니다. 즉, p값이 모두 0.05보다 크므로, **성별에 따라 학습용 매체 선호도에 유의한 차이가 없다**는 결론을 내릴 수 있습니다.

결론

이번 분석 결과를 바탕으로, 제공된 데이터만으로는 성별에 따라 학습용 매체 선호도가 다르다고 말하기 어렵습니다.

주의 사항

- **표본 크기:** 분석에 사용된 표본의 크기가 매우 작아 (N=12) 일반화하기 어려운 한계가 있습니다. 더 많은 학생들을 대상으로 조사를 실시하면 더욱 신뢰할 수 있는 결과를 얻을 수 있습니다.
- **다른 변수:** 성별 외에도 연령, 학년, 전공 등 다른 변수가 매체 선호도에 영향을 미칠 수 있습니다. 다변량 분석을 통해 이러한 변수들의 효과를 함께 고려할 수 있습니다.
- **측정 도구:** 5점 척도는 간단하지만, 학생들의 선호도를 정확하게 측정하는 데 한계가 있을 수 있습니다. 더욱 세분화된 척도나 질적 데이터를 수집하여 분석하면 더욱 풍부한 정보를 얻을 수 있습니다.

결론적으로, 이번 분석 결과는 성별에 따른 학습용 매체 선호도 차이를 확인하기 위한 첫 걸음이라고 할 수 있습니다. 더욱 심층적인 연구를 통해 이 주제에 대한 이해를 높일 수 있을 것입니다.

❽ 워드 클라우드 만들기

- 주관식 설문 응답 분석을 위해 시각화 분석 방식 중 하나인 워드 클라우드 형식으로 시각화한다. 워드 클라우드를 만드는 방식은 많이 있지만, 여기서는 홈페이지에서 제공되는 서비스를 이용한다. 워드 클라우드(http://wordcloud.kr/) 사이트로 들어가 보자.

- 주관식 설문 응답을 통째로 텍스트에 집어넣어서 '워드 클라우드 만들기'를 선택한다.
- 해석은 매체에 대한 경험 중 '언제, 어디서나, 좋았다, 원활, 편하게, 모르는, 스마트 패드, 강의' 등이 주요 단어로 등장했다.

❾ ChatGPT로 워드 클라우드 만들기

- 앞에서 워드 클라우드를 만들 때 '주관식 설문 응답' 내용들을 통째로 선택한다.

	A	B	C	D	E	F	G	H	I	J
1	ID	성별	연령	스마트폰	패드	컴퓨터	TV	라디오	선호매체	학습경험
2	1	1	5	5	5	5	4	4	스마트패드	스마트패드
3	2	0	3	4	4	3	3	4	컴퓨터	수험공부
4	3	1	2	5	4	5	3	4	스마트폰	내가 원할 때 편하게 볼 수 있다
5	4	1	2	4	5	4	3	2	스마트패드	온라인 강의등을 넓은 화면으로 언제 어디서나
6	5	0	2	1	3	4	1	3	컴퓨터	다양한 시청각 자료를 통해 유용한 정보들을 얻
7	6	1	2	3	3	4	4	3	컴퓨터	실수로 못 들은 수업내용도 다시 듣기 쉽다
8	7	1	2	3	4	4	3	3	컴퓨터	모르는 부분에 대해서 영상을 통해 설명을 들을
9	8	1	2	2	2	3	3	3	TV	나 자신이 몰랐던 것을 알 수 있었다.
10	9	0	2	3	3	4	3	3	스마트패드	모르는 걸 빠르게 찾을 수 있고 청각 시각 모두
11	10	0	4	3	3	3	3	3	컴퓨터	별로
12	11	0	2	5	5	5	2	4	스마트폰	언제 어디서나 수시로 원할때 학습할 수 있어서
13	12	0	2	3	3	4	3	1	컴퓨터	모 먹으면서 해서 좋다

- 프롬프트를 다음과 같이 구성하자.
- "너는 데이터 분석가라고 가정해. 학습 경험과 관련하여 응답한 주관식 데이터를 보고 구름 모양의 워드 클라우드를 만들어 줘. 그리고 그 의미를 해석해 줘. 주관식 데이터는 다음과 같아."라고 프롬프트를 작성하고 앞에 엑셀 데이터를 붙여 준다.

The word cloud generated from the text highlights some prominent themes in the responses about learning experiences. Here's a breakdown of the key insights:

1. **Accessibility and Convenience:**
   - Words like "편하다" (convenient), "언제 어디서나" (anytime, anywhere), and "수시로" (frequently) indicate that learners value the flexibility and convenience of accessing learning materials whenever they want, which is a significant advantage of online learning tools.
2. **Multimedia and Comprehension:**
   - The terms "시청각 자료" (audio-visual materials) and "영상" (video) emphasize the importance of multimedia in enhancing understanding and engagement compared to text-only materials.
3. **Self-paced Learning:**
   - Phrases like "원할 때" (when I want) and "다시 듣기" (replay) suggest that learners appreciate the ability to learn at their own pace and revisit materials as needed.
4. **Information Retrieval:**
   - Words such as "찾을 수 있고" (can find) indicate that learners find it easy to access and retrieve information quickly.
5. **Personal Growth:**
   - The mention of "나 자신이 몰랐던 것을 알 수 있었다" (I was able to learn things I didn't know) suggests that learners feel they can discover new knowledge through these resources.
6. **Flexibility in Environment:**
   - "모 먹으면서 해서 좋다" (it's nice to do while eating) points out the relaxed nature of learning without a formal setting, adding comfort and personal convenience.

Overall, the responses highlight that learners appreciate the flexibility, multimedia resources, and convenience offered by online learning platforms, enabling them to learn effectively and comfortably at their own pace. [>-]

데이터 분석 및 워드 클라우드 생성 결과

워드 클라우드 해석

제공된 주관식 데이터를 바탕으로 생성된 워드 클라우드를 분석해 보면, 학습 경험에 대한 응답자들의 긍정적인 인식이 두드러집니다.

- **편리성:** '편하게', '언제 어디서나', '쉽게' 등의 단어가 크게 나타나 학습 환경의 편리성을 강조하고 있습니다.
- **시청각 자료:** '영상', '시청각', '들을 수 있다' 등의 단어가 많이 등장하여 시각적, 청각적 자료를 통한 학습의 효과를 높게 평가하고 있음을 알 수 있습니다.
- **자기주도 학습:** '내가 원할 때', '모르는 것을', '나 자신이' 등의 단어를 통해 학습자가 주도적으로 학습 내용과 시간을 조절할 수 있다는 점을 강조하고 있습니다.
- **다양한 학습 방식:** '다양한', '넓은 화면', '모르는 부분' 등의 단어를 통해 다양한 학습 방식을 경험하고, 부족한 부분을 효과적으로 보완할 수 있다는 점을 언급하고 있습니다.

긍정적인 키워드: 편하게, 언제 어디서나, 쉽게, 영상, 시청각, 들을 수 있다, 내가 원할 때, 모르는 것을, 나 자신이, 다양한, 넓은 화면, 모르는 부분

추가 분석 및 시사점

- **부정적인 키워드의 부재:** 이번 데이터에서는 부정적인 키워드가 거의 나타나지 않아 학습 경험에 대한 전반적인 만족도가 높음을 알 수 있습니다.
- **개별 키워드 분석:** '먹으면서'와 같은 특이한 키워드는 학습 환경에 대한 개인적인 선호도를 반영하는 것으로 볼 수 있습니다.
- **심층 분석:** 더욱 심층적인 분석을 위해 감성 분석 기법을 활용하여 긍정적인 감정과 부정적인 감정을 구분하고, 각 감정에 대한 연관 키워드를 분석할 수 있습니다.

결론

이번 분석 결과를 통해 응답자들이 스마트 패드를 활용한 학습 경험에 대해 매우 긍정적인 평가를 하고 있음을 확인할 수 있습니다. 특히, 시간과 공간의 제약 없이 다양한 학습 자료를 활용하여 자기주도 학습을 할 수 있다는 점을 높이 평가하고 있습니다. 이러한 결과는 스마트 패드 기반의 온라인 학습의 효과성을 보여주는 증거라고 할 수 있습니다.

* 워드 클라우드 한글이 깨지는 문제를 해결하기 위해서는 https://pypi.org/project/koreanize-matplotlib/#files에서 'korenize_matplotlib-0.1.1-py3-non-any.whl'을 설치하면 됩니다(참고 사이트: https://www.youtube.com/watch?v=XdMsYDkXiX0).

⑩ 결과 보고서를 작성하기

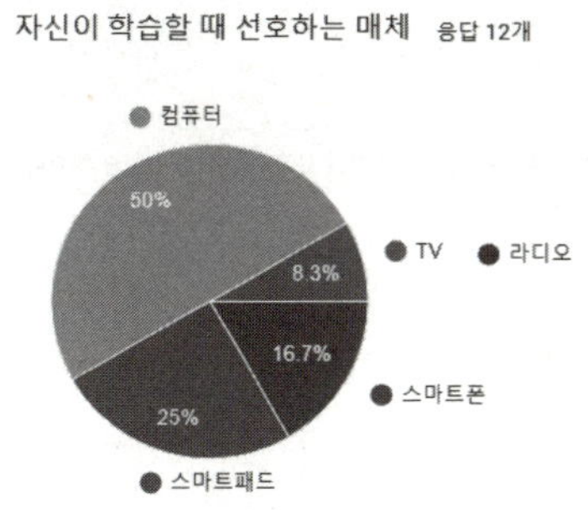

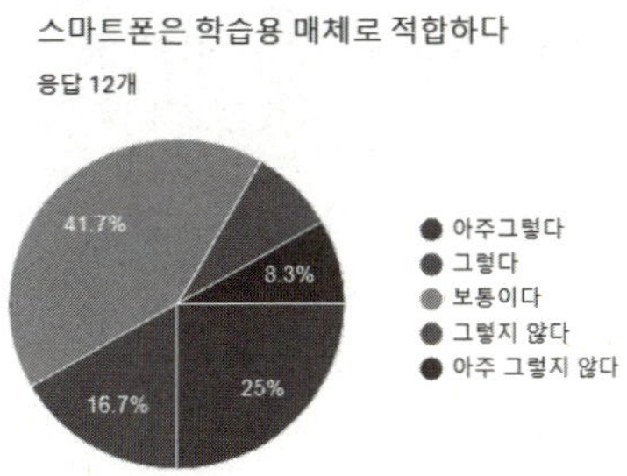

가설: 성별에 따라 학습용 매체 선호도 차이가 있는가?

분석 결과:

1) 통계 분석 결과 컴퓨터는 성별에 따라 유의한 차이가 있음.

2) 스마트폰은 성별에 따라 유의한 차이가 없음.

매체에 대한 경험 중 '언제, 어디서나, 좋았다, 모르는, 스마트 패드, 설명' 등이 많은 단어로 등장하였음.

제8장 요약

AI Tools 활용 설문 조사 만들기

스마트폰 사용에 대한 설문조사를 위해 아래와 같은 문항을 제안합니다. 첫 두 문항은 성별과 연령대를 묻고, 나머지 문항은 리커트 척도(1점: 전혀 동의하지 않음 ~ 5점: 매우 동의함)에 따라 응답할 수 있도록 설계되었습니다. 학술적 근거에 기반한 문항을 포함했으며, 각 문항의 출처를 APA 스타일로 제공했습니다.

1. 성별

- 1. 남성
- 2. 여성
- 3. 기타
- 4. 응답하지 않음

2. 연령대

- 1. 10대
- 2. 20대
- 3. 30대
- 4. 40대
- 5. 50대 이상

3. 스마트폰 사용이 일상생활의 생산성에 영향을 미친다고 생각한다.

- 1. 전혀 동의하지 않음
- 2. 동의하지 않음
- 3. 보통이다
- 4. 동의함
- 5. 매우 동의함

출처: Duke, É., & Montag, C. (2017). Smartphone addiction, daily interruptions and self-reported productivity. Addictive Behaviors Reports, 6, 90-95. https://doi.org/10.1016/j.abrep.2017.07.002

4. 스마트폰 사용이 수면의 질에 부정적인 영향을 미친다고 생각한다.

- 1. 전혀 동의하지 않음
- 2. 동의하지 않음
- 3. 보통이다
- 4. 동의함
- 5. 매우 동의함

출처: Exelmans, L., & Van den Bulck, J. (2016). Bedtime mobile phone use and sleep in adults. Social Science & Medicine, 148, 93-101. https://doi.org/10.1016/j.socscimed.2015.11.037

5. 스마트폰 사용이 대인관계에 긍정적인 영향을 미친다고 생각한다.

- 1. 전혀 동의하지 않음
- 2. 동의하지 않음
- 3. 보통이다
- 4. 동의함
- 5. 매우 동의함

출처: Ling, R. (2004). The mobile connection: The cell phone's impact on society. Morgan Kaufmann Publishers.

이 설문 문항들은 스마트폰 사용의 다양한 측면을 평가하는 데 도움을 줄 것입니다. 응답자의 성별과 연령대에 따른 차이를 분석하고, 스마트폰 사용이 개인의 생산성, 수면의 질, 대인관계에 미치는 영향을 이해하는 데 유용할 것입니다.

AI Tools 활용 분석 결과 보고서 만들기

제8장 연습문제

1. 설문 조사 문서를 제작하시오.

2. 설문 조사 결과를 분석하는 과정에서 AI Tools를 활용하고 결과 분석에서 각각의 특징과 장단점을 정리하시오.

MEMO

참고 문헌

권지선, 박지해, 서산화, 한지아(2023). 챗GPT & AI 31가지 실전활용. 앤써북.

나일주(2010) 교육공학관련이론. 교육과학사.

송준용(2024). 챗GPT 사용설명서 버전업 2024. 여의도 책방.

앤미디어(2024). 챗GPT & AI 활용법. 성안당.

한선관, 류미영, 김태령(2021). AI 사고를 위한 인공지능 교육. 성안당.

허균, 나일주(2003). 웹 기반 교육에서 최적몰입경험. 컴퓨터교육학회논문지, 6(2), 71-79.

허균(2016). 교육방법 및 교육공학의 이론과 실제. 부경대학교 출판부.

허균(2021). 스마트 교육미디어 설계, 개발, 활용을 위한 멀티미디어교육론. 부경대학교 출판부.

허균(2021). 프로젝트기반 스마트미디어 제작 실습. 부경대학교 출판부.

Mahmoud Bsharat, S., Myrzakhan, A., & Shen, Z. (2024). Principled instructions are all you need for questioning LLaMA-1/2, GPT-3.5/4. VILA Lab, Mohamed bin Zayed University of AI. https://github.com/VILA-Lab/ATLAS

Murf AI. (2024). Crafting ChatGPT Prompts: A Guide to Precision and Impact. https://murf.ai/crafting-chatgpt-prompts-guide/

Pividori, M., & Greene, C. S. (2024). Chatbots in science: What can ChatGPT do for you? Nature Careers. https://doi.org/10.1038/d41586-024-02630-z

– 참고사이트 –

https://chat.openai.com

https://chatPDF.com

https://clova-x.naver.com/

https://deepmind.google/research/publications/

https://deepmind.google/technologies/imagen-3/

https://doi.org/10.1038/d41586-024-02630-z

https://gamma.app

https://gemini.google.com

https://github.com/VILA-Lab/ATLAS

https://haiper.ai

https://kess.kedi.re.kr/index

https://libweb.pknu.ac.kr

https://murf.ai/crafting-chatgpt-prompts-guide/

https://namu.wiki/w/ChatGPT

https://notebooklm.google

https://suno.com

https://terms.naver.com/entry.naver?docId=6646863&cid=43667&categoryId=43667

https://tyleset.io

https://wordcloud.kr/

https://wrtn.ai/

https://www.bing.com

https://www.klingai.com/

https://youtube.com

찾아보기

인명

내용

저자 소개

허균(Gyun Heo)

부산대학교 교육학 학사(초등교육 전공)
연세대학교 교육학 석사(전산교육 전공)
서울대학교 교육학 박사(교육공학 전공)
전 한국진로개발학회 회장
Indiana University, Visiting Scholar
Pennsylvania State University, Visiting Scholar
한국교육학술정보원 선임연구원
충남 및 경기 교육청 관내 학교 교사
현 부경대학교 수해양산업교육과 교수

〈주요 저 · 역서〉

학습과학에서 말하는 성공하는 학습자의 20가지 공부 습관(공역, 2023, 학지사)
질적연구101(2022, 부경대학교 출판부)
프로젝트기반 스마트미디어제작실습(2021, 부경대학교 출판부)
멀티미디어교육론(2021, 부경대학교 출판부)
교육통계1: SPSS25(2020, 부경대학교 출판부)
교육방법 및 교육공학의 이론과 실제(2016, 부경대학교 출판부)

〈관심 연구 분야〉

AI 활용교육, 컴퓨터 활용 교육, 진로 교육, 모델링을 통한 종단 및 패널자료 분석, 메타분석,국가 간 비교 등의 연구에 관심을 가지고 있다. Optimal Flow Experice in WBI 등과 같은 국내외 논문들이 있으며 흥미 있는 주제의 연구를 진행하고 있다.

프로젝트 기반
ChatGPT와 AI Tools 교육 활용 실습
Exercise & Practice for ChatGPT and AI Tools
for Educational Use

2025년 8월 20일 1판 1쇄 인쇄
2025년 8월 30일 1판 1쇄 발행

지은이 • 허균
펴낸이 • 김진환
펴낸곳 • ㈜학지사
04031 서울특별시 마포구 양화로 15길 20 마인드월드빌딩
대표전화 • 02-330-5114 팩스 • 02-324-2345
등록번호 • 제313-2006-000265호

홈페이지 • http://www.hakjisa.co.kr
인스타그램 • https://www.instagram.com/hakjisabook

ISBN 978-89-997-3486-1 93370

정가 16,000원